# 贵州精准扶贫论
## 基于第三方评估视角

韩缙/著

知识产权出版社

图书在版编目（CIP）数据

贵州精准扶贫论：基于第三方评估视角 / 韩缙著 . — 北京：知识产权出版社，2018.12
ISBN 978-7-5130-5787-5

Ⅰ. ①贵… Ⅱ. ①韩… Ⅲ. ①扶贫—研究—贵州 Ⅳ. ① F127.73

中国版本图书馆 CIP 数据核字（2018）第 191665 号

## 内容提要

本书是对 2016 年下半年以来，贵州开展扶贫工作成效第三方评估相关工作得失进行系统梳理和深入反思。具体从扶贫工作成效第三方评估的背景、意义、政策框架、理论支点及操作实践等方面进行探讨，并对地方政府在迎接扶贫工作成效第三方评估准备工作中普遍存在的重难点问题展开详细论述。

责任编辑：王　辉　　　　　　　　责任印制：孙婷婷

## 贵州精准扶贫论：基于第三方评估视角
### GUIZHOU JINGZHUN FUPINLUN JIYU DISANFANG PINGGU SHIJIAO
韩缙　著

| | | | |
|---|---|---|---|
| 出版发行：知识产权出版社有限责任公司 | | 网　　址：http://www.ipph.cn | |
| 电　　话：010 — 82004826 | | 　　　　　http://www.laichushu.com | |
| 社　　址：北京市海淀区气象路 50 号院 | | 邮　　编：100081 | |
| 责编电话：010-82000860 转 8381 | | 责编邮箱：wanghui@cnipr.com | |
| 发行电话：010-82000860 转 8101 | | 发行传真：010-82000893 | |
| 印　　刷：北京中献拓方科技发展有限公司 | | 经　　销：新华书店及相关销售网点 | |
| 开　　本：720 mm×1000 mm　1/16 | | 印　　张：11.75 | |
| 版　　次：2018 年 12 月第 1 版 | | 印　　次：2018 年 12 月第 1 次印刷 | |
| 字　　数：200 千字 | | 定　　价：56.00 元 | |

ISBN 978-7-5130-5787-5

出版权所有　侵权必究
如有印装质量问题，本社负责调换。

# 前　言

精准扶贫工作的推行，对于治理中国乃至世界的减贫问题均具有重大历史及现实意义。在精准扶贫理念的指导下，中国广大涉贫区域无论在脱贫人口数量还是脱贫工作质量上都获得社会各界广泛认可。识别、帮扶、考核是精准扶贫工作的三大要素，如何确保贯彻习近平总书记所提出"扶贫工作必须务实，脱贫过程必须扎实，脱贫结果必须真实"的要求，精准考核在其中无疑承担着最终检测的作用。笔者很认同汪洋同志的一句话："考核是个指挥棒，上面考核什么，下面就集中精力干什么。"在我国社会主义体制下，中央的决策、导向所产生出的传导力量是坚实而巨大的，中国的扶贫工作在近年来能以排山倒海之势得以迅速推进，显然是中央一系列英明决策的结果，而持续改进、提升精准考核的质量及效率，无疑在其中发挥着巨大重用。

第三方评估工作机制作为改革创新政府管理方式的重要内容之一，被国务院督查工作所正式启用的时间并不长。第三方评估工作目的旨在为更好地发挥研究咨询机构的独立性和专业性，确保评估结论的公正性和准确性，能有效避免政府部门再循自我评定的老套路。2016年2月，随着《中共中央办公厅 国务院办公厅关于印发〈省级党委和政府扶贫开发工作成效考核办法〉的通知》中央文件的出台，第三方评估在精准扶贫考核中的地位和作用获得正式确认，第三方评估不仅丰富了我国扶贫工作考核形式，而且还对提升各地脱贫质量产生立竿见影的"正向激励"效果。

当然，作为一项扶贫领域的"新事物"，各扶贫地区对于第三方评估在运行机理、方式、内容等诸多方面均亟待理解或适应，并进而运用第三方评估工作的立场推动自身精准扶贫工作完善或提高，在当前应是一个亟待关注的问题，也是本研究的初衷。对此，本研究拟准确把握国家开展第三方评估的目的和意义，并将其与中国扶贫典型地区——贵州省的扶贫工作实际成效有机结合，力求作进一步理论与实践相结合的探讨。本研究绝非简单寻求面对"应考"的投机取巧之策，而是力求分析把握贵州省各地在迎接扶贫工作成效国家第三方评估所普遍面临的重点、难点问题，从而进一步改进、提升各地精准扶贫工作的缺口、短板问题，同时，也希望能在国家相关政策、规定所允许范围内，帮助各有扶贫任务的县（区市）准确把握国家开展第三方评估工作的实质方向，有效规避化解"失分点"风险，并最大限度呈现自身扶贫工作成效，避免因吃"哑巴亏"而影响整个脱贫攻坚大局。

鉴于笔者研究水平有限，其中的疏漏在所难免，恳请读者多加批评指正。在研究并成书过程中，贵州省社科院农村发展研究所副所长李华红副研究员提供了大力支持和热心指导，贵州省社科院历史研究所田牛博士耐心地帮助校对书稿，同时，我的同事邓小海、王红霞、赵琴等专家还提供了不少调查数据支持，使研究进一步丰满，谨此一并衷心感谢！

# 目 录

第一章　绪论 ································································· 1
　一、研究背景 ······························································· 1
　二、研究意义 ······························································· 5
　三、研究方法及基本思路 ··············································· 7

第二章　贵州省扶贫工作回眸 ··········································· 8
　一、实施精准扶贫前的贵州省扶贫工作简介 ······················ 8
　二、实施精准扶贫后的贵州省扶贫工作简介 ····················· 12
　三、十八大以来贵州省扶贫工作考核简介 ······················· 19

第三章　开展国家精准扶贫工作成效第三方评估作用及意义 ············ 25
　一、国家扶贫工作成效考核引入第三方评估缘由 ············· 25
　二、开展国家精准扶贫工作成效第三方评估重大意义 ······· 27

第四章　国家精准扶贫工作成效第三方评估基本内容 ·········· 32
　一、贫困人口识别准确率 ············································· 32
　二、贫困人口退出准确率 ············································· 33
　三、因村因户帮扶工作满意度 ······································ 34

## 第五章　贵州省扶贫工作成效省级第三方评估工作回顾 …… 36
一、基本背景 …… 36
二、主要目的及任务 …… 37
三、评估标准 …… 39
四、评估依据 …… 41
五、评估内容与指标 …… 41
六、评估范围程序 …… 46
七、组织实施过程 …… 47
八、评估样本农户总体特征 …… 48
九、受评估县精准扶贫工作基本情况及评估结果 …… 50
十、评估中发现的共性问题 …… 57
十一、对贵州省首次扶贫工作成效第三方评估工作的总体评价 …… 59

## 第六章　国家首次对贵州省扶贫工作成效第三方评估工作回顾 …… 62
一、赤水市推动脱贫攻坚工作的主要做法 …… 63
二、执行对赤水扶贫工作成效国家第三方评估组织结构分析 …… 65
三、赤水扶贫工作成效国家第三方评估程序及要点 …… 66
四、赤水扶贫工作成效国家第三方评估后对贵州扶贫工作的影响 …… 69

## 第七章　贵州省运用第三方评估形式推进精准扶贫工作的实践 …… 79
一、强力推动精准识别工作 …… 79
二、紧盯精准帮扶工作短板 …… 82
三、进一步强化迎评意识 …… 83

## 第八章　贵州省迎接国家精准扶贫工作成效第三方评估重难点问题分析 …… 89
一、意识层面问题 …… 89
二、管理层面问题 …… 91
三、操作层面主要存在问题 …… 93

第九章　对策建议 …………………………………………… 96
　　一、以三大"坚持"推动脱贫攻坚工作质量不断提升 ………… 96
　　二、以三个"注重"统领迎评工作全局 …………………… 100
　　三、以五种"强化"深入扎实做好各项准备工作 …………… 101
　　四、以四项"强调"应对评估工作过程 …………………… 105

结　语 ………………………………………………………… 108

附录 …………………………………………………………… 109
　　附录1　M县扶贫工作成效省级第三方评估的调查报告 …… 109
　　附录2　贵州省Y县扶贫工作成效县级第三方评估 ………… 138

参考文献 ……………………………………………………… 178

# 第一章 绪论

## 一、研究背景

党的十八大以来，以习近平总书记为核心的党中央把脱贫攻坚摆到治国理政突出位置，开创性提出精准扶贫重大方略，倡导"看真贫、扶真贫、真扶贫"，并指示要以"更大的决心、更明确的思路、更精准的措施"，确保2020年全国所有农村贫困人口全部脱贫，实现"两不愁三保障"，所有贫困县全部摘帽，解决区域性整体贫困问题。精准扶贫理论的提出，无疑对中国乃至全世界治贫进程均具有划时代意义。

2012年12月29日至30日，习近平总书记在河北阜平考察扶贫开发工作时就指出："全面建成小康社会。最艰巨最繁重的任务在农村，特别是在贫困地区。没有农村的小康，特别是没有贫困地区的小康，就没有全面建成小康社会。"2013年11月3日，习近平总书记在湖南湘西考察扶贫开发时进一步指出："扶贫要实事求是，因地制宜。要精准扶贫，切忌喊口号"。同年11月29日，习近平总书记在山东考察扶贫开发时再次强调："抓扶贫开发，要紧紧扭住增加农民收入这个中心任务，健全农村基本公共服务体系这个基本保障，提高农村义务教育水平这个治本之策，突出重点，上下联动，综合施策。"同年12月23日，在中央农村工作会议上，习近平总书记进一步强调："要坚持不懈推进扶贫开发，国家级扶贫开发重点县就是要把减少扶贫对象作为首要任务，坚定信心，找准路子，加快转变扶贫开发方式，实行精准扶贫。"李克强总理在这次会议上也同时提出："着力创新扶贫开发工作机制，改进对重点县的考核办法，提高扶贫精准度，抓紧落实扶贫开发重点工作。"时任国务院副总理汪洋也曾指出:"要改革'大水漫灌'式扶贫为'滴灌'式扶贫,精确瞄准,精确制导。"显然,大力改革以往扶贫工作形式,持续校准扶贫"准星",最大限度提升扶贫效率、扶贫质量,以确保2020年我国全面跨入小康社会宏伟目标实现,已经成为党的十八大以来,以习近平为总书记的中央领导集体坚强的意志。

经中央政治局常委会、国务院常务委员会研究,在这次中央农村工作会上出台了对于扶贫开发具有里程碑意义的文件——《关于创新机制扎实推进农村扶贫开发工作的意见》(中办〔2013〕25号)。该意见明确提出:一是要改革贫困县考核办法;二是要精准扶贫工作机制;三是要健全干部驻村帮扶机制;四是要改革财政专项扶贫资金管理机制;五是要完善金融服务机制;六是要创新社会参与机制。至此,精准扶贫作为国家重大战略决策正式实施。

中央这一系列部署释放出的信号表明,一手抓发达地区发展,一手抓西部贫困地区脱贫成为新时期我国全面深化改革的工作重点。"留下这么一大块,是遮不住丑的",习近平这言简意赅的话语深刻指明,消除贫困、改善民生、实现共同富裕,是社会主义的本质要求,是实现邓小平同志"两个大局"的重要内容,是实现中华民族伟大大兴"中国梦"的必然要求。

中央精准扶贫战略的实施,客观上存在一个持续补充完善,不断创新的过程。2013年年底,中办、国办联合发布《关于创新机制扎实推进农村扶贫开发工作的意见》,紧随其后,国务院扶贫办出台《建立精准扶贫工作机制实施方案》《扶贫开发建档立卡工作方案》等政策性文件。这一系列文件、措施的出台,意味着精准扶贫方略、思路已经走向成熟。精准扶贫的根本目的是倡导靶向治疗,秉持因人、因户、因地的致贫原因而采用灵活的治贫对策。"六个精准"(扶贫对象精准、措施到户精准、项目安排精准、资金使用精准、因村因户派人精准、脱贫成效精准)与"五个一批"(发展生产脱贫一批、易地扶贫搬迁脱贫一批、生态补偿脱贫一批、发展教育脱贫一批、社会保障兜底一批)等精准扶贫要求或方法路径也得到明确。可见,我国精准扶贫的实质内核是发挥政治优势,层层落实脱贫攻坚责任,不断完善精准扶贫政策工作体系,切实提高脱贫成效,坚持政府投入的主体和主导作用,不断增加金融资金、社会资金投入脱贫攻坚,坚持专项扶贫、行业扶贫、社会扶贫等多方力量有机结合的大扶贫格局,发挥各方面的积极性,尊重群众的主体地位,不断激发贫困村贫困群众内生动力❶。精准扶贫的工作内容包括"建档立卡与信息建设""干部驻村帮扶工作制度""因村因户帮扶措施""广发动员社会参与""建立精准考核机制""提高贫困治理能力"等。从运行机制角度,精准扶贫主要包括:①精准识别,即通过申请评议、公示公告、抽签审核、信息录入(建档立卡)等步骤,将具体的贫困户、贫困村对象找出来,并通过建档立卡予以确认;②精准帮扶,即在对识别出来的贫困户和贫困村的致贫原因进行深度分析与把握的基础上,落实帮扶责任人,并由帮扶责任人协助帮扶对象制定帮扶计划,集中力量予以扶持;③精准管理,指对扶贫对象的脱贫帮扶过程进行全程跟踪监测,并将此过程纳入全国扶贫信息动态管理系统,实现扶贫对象的有出有进;④精准考核,是针对贫困户和贫困村识别、帮扶、管理的成效,以及按照国家要求对各地各级开展扶贫工作情况的量化考核。显然,要贯彻精准扶贫的总体理念及思路,应始终抓好精准识别、精准帮扶、精准管理和精准考核四项基本内容。精准考核,作为扶贫攻坚工作最后的检查验收环节,随着精准扶贫战略的深入实施,已经越来越凸显出其特殊而重要的作用。

强化考核,作为精准扶贫的重要施策方向尤为引人注目。正如2013年,时任国务院副总理汪洋在中央农村工作会议上曾指出:"考核是个指挥棒,上面考核什么,下面就集中精力干什么。长期以来,贫困地区与其他地区一样,政绩考核偏重于GDP,导致这些地方把工作重心放在招商引资,做大GDP上。不改革这种考核机制,扶贫开发'县抓落实'就是一句口号。"同年在贵州考察时,汪洋副总理进一步强调:"要脱贫,得发挥制度的优势,考核是重要的一环。"这些讲话可谓一针见血,直击考核对于各地切实推进精准扶贫工作的巨大导向性作用。

党的十八届三中全会制定的《中共中央关于全面深化改革若干重大问题的

---

❶ 黄承伟.为全球贫困治理贡献中国方案[N].人民日报,2017-07-20.

决定》要求:"对限制开发区域和生态脆弱的国家扶贫开发工作重点县取消地区生产总值考核。"2014年2月7日,中央组织部下发了《关于改进地方领导班子和领导干部政绩考核工作的通知》,明确提出在贫困县率先推进考核机制改革,从主要考核GDP转向主要考核扶贫开发工作成效,把提高贫困人口生活水平和减少贫困人口数量作为考核评价的主要指标。这表明,改革贫困地区的考核方式已经纳入中央决策、国家战略,是推进"县抓落实"要求所采取的一项重大举措,对于深入推进脱贫攻坚工作产生深远影响。

2015年11月的中央扶贫开发工作会议召开,并颁布《中共中央国务院关于打赢脱贫攻坚战的决定》(中发〔2015〕34号),全面部署"十三五"脱贫攻坚工作,要求举全党全国全社会之力,坚决打赢脱贫攻坚战。由此意味着我国脱贫攻坚工作驶入快车道。这次会议,习近平总书记代表党中央高屋建瓴地作了一系列重要部署要求,并特别对狠抓扶贫工作成效问题作出指示:"考核脱贫成效,既要看数量,也要看质量,要强化监督和问责,要层层签订责任书,立下军令状,对工作不得力的省份,国务院扶贫开发领导小组向中央报告并提出责任追究建议,完不成年度扶贫任务的,要对党政主要领导进行约谈。"为推动《中共中央国务院关于打赢脱贫攻坚战的决定》的进一步落实,2016年2月起,中央先后出台了《省级党委和政府扶贫开发工作成效考核办法》(厅字〔2016〕6号)、《关于建立贫困退出机制的意见》(厅字〔2016〕16号)等系列重要文件精神,进一步强化对扶贫工作成效从严考核的贯彻和落实,并明确将扶贫工作成效第三方评估作为国家考核省级党委和政府扶贫开发工作成效的重要环节之一。

2016年5月底,由中国科学院地理科学与资源研究所牵头,联合国内数十家高校及科研院所承担的国家精准扶贫工作成效第三方评估,在全国范围内开始"试评估"工作,由中西部22个省(区、市)、33个调研组多达1190名专家学者参与的实地调查与普查同时展开。其目的旨在总结经验、把握差异,进而不断优化或校准评估方向及尺度。2017年,全国共组织了22个第三方评估组,分赴22个省(自治区、市),开展了涉及117个县、630个村,约21000户农户(包括建档立卡贫困户、脱贫户和非贫困户)的第三方评估调查活动。纵观两年来国家精准扶贫工作成效第三方评估基本运行情况，可发现其关注之细、程序之严在以往考核中前所未有，切实反映出中央对扶贫开发工作成效坚定执行最严格考核评价制度的决心。也可以说，第三方评估已经在中央对省级扶贫工作成效系列考核形式中占据重要且无可替代的地位。

## 二、研究意义

总的来看，目前我国扶贫工作成效考核的形式主要有两种，一种是管理体系内自上而下的考核，包括"省级党委、政府脱贫成效考核""财政扶贫资金绩效考核""贫困县脱贫摘帽评估""东西部协作考核""定点扶贫工作考核""部分行业部门扶贫工作考核"等，另一种就是来源于管理体系外的考核，即第三方评估。第三方评估对于广大基层干部而言是完全陌生的，故一般初次接触的态度是怀疑甚至排斥的，如笔者带队赴乡镇开展第三方评估调研时，所遇到的情形包括：①质疑。一些乡镇干部会认为，作为一群没有工作经验的学生娃调查员，你们懂什么扶贫？你们有什么经验？凭什么由你们这些"外行"来评价我们？既然你们不是专业的扶贫人，你们的调查结论凭什么保证准确？②应付。面对调查人员提出的入户调查名单，一些乡镇干部要么谎称调查对象不在家，要么干脆直接派人冒充调查对象的亲人接受调查。③防范。一些乡镇干部或会在调查员入户时安排专人"盯梢"，或会以多种借口提前收走一些村民的户口本。④干扰。个别乡镇领导会以"陪同""学习"的借口寸步不离调查过程，一些向导会喧宾夺主代替或引导受访对象作答等。随着第三方评估工作形式的逐渐深入，虽然这样的情况会相对少一些，但仍然不时出现。我们从2016年和2017年两个年度的调查情况对比看，目前贵州绝大部分地区在推进扶贫工作时，已经逐渐多绷紧一根弦，基层扶贫干部也开始懂得不时设问："工作这样或那样干第三方评估会不会通得过？"而不是惯常的"基本、过得去"工作思维。可见，第三方评估对于推进扶贫工作精细程度的影响力已经逐渐释放。

随着2020年脚步的临近，我国迎接"脱贫摘帽"考核的县级政府将会越来越多，涉及扶贫工作成效第三方评估的区域势必进一步扩大，第三方评估作为社会监督力量所发挥出的影响也在水涨船高。显然，作为确保我国扶贫工作成效公信力的重要平台，第三方评估对于推动地方扶贫工作所产生出的特殊刺激和推动作用也在日益增长。尤其事关贫困县"脱贫摘帽"的考核，第三方评估由于拥有一票否决的作用，各相关县级政府部门对于第三方评估均会高度重视，并开始有意识地与第三方评估"对标"并开展工作。

迄今为止，由于国家精准扶贫工作成效第三方评估工作机制的具体细节并未完全公开，各地对于如何迎接国家精准扶贫工作成效第三方评估（以下简称"迎评"）总体上仍呈"摸索"状态。为此，笔者认为：各地必须尽快紧扣《中共中央国务院关于打赢脱贫攻坚战的决定》《省级党委和政府扶贫开发工作成效考核办法》《关于建立贫困退出机制的意见》等中央相关重要指导精神，切实认清国家开展扶贫工作成效第三方评估的实质，加紧总结分析地方扶贫工作成效第三方评估所面临的重难点问题，并进而提出系列科学、系统并有可操作性的对策建议，对于各县区市在"迎评"工作中找准方向、提高效率、评出真实水平等将大有裨益。同时，对于省级党委和政府在掌握本省级区域扶贫工作总体形势，推进相关决策部署等方面也将具一定的参考价值。

为此，笔者拟以我国扶贫工作较为艰巨而特殊的省份——贵州为例，尝试通过理论与实践两个方面的探讨，从扶贫工作成效第三方评估工作角度来观察贵州精准扶贫工作成效，并进一步探索精准扶贫与第三方评估之间的良性互动作用。当然，因为根据《省级党委和政府扶贫开发工作成效考核办法》（以下简称《成效考核办法》），第三方评估作为国家对各省级地区扶贫工作成效所进行考核的系列内容之一，执行第三方评估的单位或团体是由国务院扶贫开发工作领导小组所确定，其评估的形式及内容也必须由国务院扶贫开发工作领导小组所引导。因此，站在贵州省级层面，我们更应关注的是，面对国家精准扶贫工作成效第三方评估形式及内容，贵州各地的精准扶贫工作该如何推进？或者，贵州在迎接国家精准扶贫工作成效第三方评估过程中所存在的哪些重难点问题及其对策研究等，均属本课题关注的范围。

## 三、研究方法及基本思路

### （一）研究方法

实地调研：杜绝闭门造车，本书拟通过对笔者曾经参与过的贵州省级扶贫工作成效第三方评估工作及对一些县自行开展的扶贫工作成效第三方评估进行系统回顾及总结，力求以鲜活的信息或数据作为重要支撑。

部门及人员访谈：通过与大量相关县、乡、村各级干部进行座谈，认真倾听他们的声音，使理论与实际充分结合，以最大限度保证研究的务实性和对策的可操作性。

### （二）研究思路

站在我国开展精准扶贫的宏大背景下，通过考察精准扶贫考核在我国现有体制模式下的产生的巨大生机活力，特别是观察精准考核的正向激励作用对于推进地方精准扶贫工作的强大意义，探寻出这两者之间的良性互动关系，进而力求实现精准扶贫工作的进一步良性发展。力图通过实地调查法、问卷调查法、文献研究法、信息分析法、对比分析法和数据分析法等大量研究工具，循着实地调研—理论分析—总结归纳—提出对策建议的基本思路，完成本课题研究，以期最终促成现实运用。

### （三）研究基础

基础一：2016年9月底，笔者作为贵州省社科院课题组主要成员承担并实施了对D、F、M、T、X、C等6个县（区）市的省级扶贫工作成效第三方评估工作，前后历时达两个半月。同年12月中旬，课题组所提交的各县系列评估报告顺利通过贵州省扶贫办组织专家评审验收。

基础二：2016年11月、2017年4月，以及2017年12月应贵州省内C县、F县和Y县的邀请，笔者作为贵州省社科院专家团队主要成员曾先后参与组队，对上述两县进行扶贫工作成效第三方评估相关调研活动。其间，课题组除与三县的县、乡镇、村等各级干部，以及扶贫部门人员深入交流，还通过问卷、座谈、随机访谈等形式，广泛接触到大量贫困户、脱贫户及非贫困户，积累到不少鲜活信息及数据。

# 第二章 贵州省扶贫工作回眸

## 一、实施精准扶贫前的贵州省扶贫工作简介

贵州省位于中国西南部，地形西高东低，贵州省地形复杂多样，平均海拔超过1000米，以高原、山地、丘陵和盆地为主，其中山地、丘陵占总面积92.5%，平原面积极其狭小，成为全国唯一没有平原支撑省份。大娄山、武陵山、乌蒙山、麻山、苗岭贯穿省内大部分地区，喀斯特地形分布广泛，达到109084平方千米，占贵州省面积61.9%。因山地、丘陵面积过大，贵州省可耕地面积仅13230平方千米，约占贵州省总面积7.5%。平原面积狭小可用于农业开发面积较少，山地、丘陵占据绝对优势，造成基础设施建设成本过高，贵州省经济发展长期落后，在改革开放初期，贵州省贫困人口占总人口2/3。时至1986年，贵州省绝对贫困人口依然高达1500万人，占贵州省总人口50%。尤其部分地区贫困发生率居高不下，如毕节市贫困人口345万人，占全区人口总数60%。毕节市1987年人均收入约322元，仅为贵阳市的21%。1986年后，贵州省以连片贫困区为主战场，对贫困农户开始大规模开发式扶贫。至1994年，贵州省贫困人口总数下降到1000万人，但总量却占全国贫困人口总数的1/8，形势仍然严峻。同年，贵州省人民政府颁布《贵州省扶贫攻坚计划》（黔府发〔1994〕63号），提出以7年时间基本解决绝对贫困问题。2000年年底，贵州省绝对贫困人口下降到313万人，大多数贫困人口温饱问题获得基本解决[1]。

21世纪初，在党中央、国务院《中国农村扶贫开发纲要（2001—2010

---

[1] 王朝新，宋明.贵州农村扶贫开发蓝皮书——2013年贵州农村扶贫开发报告[M].北京：知识产权出版社，2013.

年）》部署推动下，贵州省委、省政府发布《中共贵州省委 贵州省人民政府关于切实做好新阶段扶贫开发工作的决定》，提出用10年时间实现稳定脱贫奔小康目标。此时期，在中央高度重视及支持下，贵州省委、省政府采取围绕解决改善基本生产生活条件、拓宽基本增收门路、提高基本素质"三个基本问题"，以"开发式扶贫、搬迁式扶贫、救助式扶贫"等三类扶贫措施对连片贫困区进行重点帮扶。此后10年，中央与贵州省政府先后投入资金160.6亿元，实施扶贫项目12.3万个❶。到2010年，贵州省农村贫困人口也由2005年的777.7万人下降到2010年的418万人，贫困发生率由23.9%降低到12.1%。50个国家扶贫开发重点县人均收入从1641元增加至3153元，年均增速17.7%，超过国家贫困县平均水平。贵州省"扶贫开发已经从以解决温饱为主要任务的阶段转入巩固温饱成果、加快脱贫致富、改善生态环境、提高发展能力、缩小发展差距的新阶段"❷。

2011—2012年年初，中央先后下发《中国农村扶贫开发纲要（2011—2020）》和《国务院关于进一步促进贵州经济社会又好又快发展的若干意见》将贵州作为扶贫开发攻坚示范区，贵州省境内所辖武陵山区、乌蒙山区和滇黔桂石漠化区成为国家脱贫工作核心区域。2012年1月，贵州省委、省政府出台《中共贵州省委贵州省人民政府关于贯彻落实〈中国农村扶贫开发纲要（2011—2020）〉的实施意见》（以下简称《实施意见》），该《实施意见》明确提出2018年贵州省50个重点县、934个贫困乡摘帽的阶段目标和2020年实现保障扶贫对象享受义务教育、基本医疗的总体目标。贵州省对连片贫困区、重点县的工作强度由此进一步增大，贵州省贫困人口总数进一步获得下降。2011—2013年，贵州省贫困人口总量由1149万人降至757万人，其中6个重点县、172个贫困乡成功实现省级"摘帽"，农村贫困发生率减少近12%，成为全国脱贫先进省份。

回顾30余年来的持续投入与努力，贵州省扶贫工作无疑取得了可观成就。

---

❶ 王朝新，宋明.贵州农村扶贫开发蓝皮书——2013年贵州农村扶贫开发报告[M].北京：知识产权出版社，2013.

❷《中共贵州省委贵州省人民政府关于贯彻落实〈中国农村扶贫开发纲要（2011—2020）〉的实施意见》，来源：http://www.gzrd.gov.cn/ztzl/_gzsfpkftl_zfgc/zcfg/21304.shtml.

但与全面建设小康社会要求相比，贵州省扶贫依然存在短板，特别是扶贫质量不高的情况较为普遍。正如贵州有学者所指出"大量刚脱贫的人群将可能隐藏在脱贫县、脱贫乡镇、脱贫村中，成为相对贫困的低收入人群"❶。事实证明，贵州部分脱贫人口仅仅处于基本脱贫状态，贫困标准稍有提高即会重返贫困序列。以 2011 年为例，当国家贫困线划定为人均年纯收入 2300 元后，贵州省贫困人口迅即由 418 万人骤增为 1149 万人，这充分暴露出贵州省大部分脱贫人口的脆弱性。及至 2012 年，虽然经过努力，贵州省贫困人口下降到 923 万人，但这部分人口仍约占贵州省农村户籍人数的 26.8%，接近 1/3。另值得关注的还有，贵州省此时的贫困人口在全国贫困人口占比不降反增，达到 9.23%，无疑折射出贵州省的脱贫步伐总体已经滞后于全国平均速度。在党的十八大召开前夕，贵州省扶贫工作"家底"大致如下：首先，贫困人口分散且涉及区域广。2012 年与 2011 年相比，贵州省 9 个市、州除贵阳市外，贫困发生率均处在 17.4%~37.8%，扶贫工作难度可见一斑。另从横向相比看，地区差距也较为明显。毕节市贫困人口所占比重最大，为 22.43%，黔东南州约 16.01%。其余各地市、州皆在 15% 以下，贵阳市、六盘水市、黔西南州等地区低于 10%，其中贵阳市虽仅 0.59%，但仍有散点分布（见表 2-1）。总体来看，贵州省 923 万贫困人口分布于贵州省 88 个县，20 万以上贫困群众聚集区仅 9 个，10 万~20 万贫困居民汇集地 29 个，低于 10 万人的达到 50 个（见表 2-2）。其次，基本公共服务水平较低。统计显示，截至 2011 年，贵州省等级公路站公路总里程比重据全国 31 位；其中高速公路比例位于 27 位；有效灌溉面积仅占耕地总量比重为居 31 位；每千人口医院和卫生院床位排 29 位；高等教育毛入学率和高中阶段毛入学率分别处于 29 名和 31 名，人均受教育年限 7.41 年❷，不仅低于全国平均水平 1.64 年，而且少于国家法定九年义务教育，且呈现不断下降趋势。如 2010 年，农村劳动力受教育年限 7.14 年，2011 年下降为 7.07 年，初中以下学历比重有所提高，劳动力受教育年限过短成为脱贫工作的瓶颈。

---

❶ 王朝新，宋明.2014 年贵州农村扶贫开发报告［M］.北京：知识产权出版社，2015.
❷ 王朝新，宋明.贵州农村扶贫开发蓝皮书——2013 年贵州农村扶贫开发报告［M］.北京：知识产权出版社，2013.

直到2013年,贵州省依然是"全国农村贫困面最大、贫困人口最多、贫困程度最深的欠发达省份"[1],正如习近平总书记所指出:"贵州是全面建成小康社会最艰巨的一个省份,也是全国人民最关注的一个省。"[2]

表2-1　2011—2012年贵州省各市州贫困人口及发生率情况

| 市、州 | 2011年 农村贫困人口（万人） | 2011年 农村贫困发生率（%） | 2012年 农村贫困人口（万人） | 2012年 农村贫困发生率（%） |
|---|---|---|---|---|
| 贵阳市 | 32.32 | 16.8 | 5.49 | 2.9 |
| 遵义市 | 144.99 | 21.9 | 115.61 | 17.4 |
| 六盘水市 | 97.52 | 38.3 | 76.23 | 29.9 |
| 安顺市 | 74.65 | 30.8 | 63.08 | 25.7 |
| 毕节市 | 250.05 | 35.5 | 207.04 | 30.0 |
| 铜仁市 | 145.21 | 38.8 | 115.10 | 30.5 |
| 黔东南州 | 167.29 | 42.1 | 147.74 | 37.8 |
| 黔南州 | 127.72 | 36.0 | 106.36 | 29.5 |
| 黔西南州 | 109.18 | 36.2 | 86.35 | 28.1 |
| 合计 | 1149.00 | 33.4 | 923.00 | 26.8 |

资料来源:王朝新,宋明.贵州农村扶贫开发蓝皮书——2013年贵州农村扶贫开发报告[M].北京:知识产权出版社,2013:14.

表2-2　2012年贵州省贫困人口分布情况

| 市、州 | 贫困人口总数（万人） | 全省所占比例（%） | 贫困人口20万以上的县（个） | 贫困人口10万~20万的县（个） | 贫困人10万以下的县（个） |
|---|---|---|---|---|---|
| 贵阳市 | 5.49 | 0.59 | 0 | 0 | 1 |
| 六盘水市 | 76.23 | 8.26 | 2 | 1 | 1 |

---

[1] 王朝新,宋明.贵州农村扶贫开发蓝皮书——2013年贵州农村扶贫开发报告[M].北京:知识产权出版社,2013.

[2] 李北方.让精准扶贫更加精准[J].当代贵州,2015(1).

续表

| 市、州 | 贫困人口总数（万人） | 全省所占比例（%） | 贫困人口20万以上的县（个） | 贫困人口10万~20万的县（个） | 贫困人10万以下的县（个） |
| --- | --- | --- | --- | --- | --- |
| 遵义市 | 115.61 | 12.53 | 0 | 4 | 10 |
| 安顺市 | 63.08 | 6.83 | 0 | 4 | 2 |
| 毕节市 | 207.04 | 22.43 | 6 | 2 | 0 |
| 铜仁市 | 115.10 | 12.47 | 1 | 5 | 4 |
| 黔西南州 | 86.35 | 9.36 | 0 | 4 | 4 |
| 黔东南州 | 147.74 | 16.01 | 0 | 5 | 11 |
| 黔南州 | 106.36 | 11.52 | 0 | 4 | 8 |
| 全省合计 | 923 | 100 | 9 | 29 | 50 |

资料来源：王朝新，宋明.2014年贵州农村扶贫开发报告[M].北京：知识产权出版社，2013：16.

## 二、实施精准扶贫后的贵州省扶贫工作简介

作为一个贫困人口多、贫困面广、贫困程度深的特殊省份，贵州省是较早部署和探索实施精准扶贫工作机制的省份之一，其成绩亦有目共睹。自中央开始号召并部署精准扶贫重大决策以来，贵州省委省政府即通过召开系列会议密集研究新时期贵州扶贫开发工作。2013年9月11日，时任贵州省委书记赵克志指出："我省贫困面大、贫困程度深、贫困人口多，是全国全面建成小康社会任务最艰巨的一个省。没有农村的小康，就没有贵州的小康。没有贵州的小康就没有全国的小康。"赵克志还强调："我们要站在坚持和发展中国特色社会主义的政治高度，站在党和国家战略全局的高度，站在增进全省人民福祉的高度，全面贯彻中央精神，按照区域发展带动扶贫开发，扶贫开发促进区域发展的新思路，把扶贫开发作为第一民生工程，大力实施集中连片特殊困难地区发展规划，全力总攻绝对贫困，大幅度减少贫困人口"。赵克志还要求，要按照"省负总责、县抓落实"的要求，完善扶贫开发考评体系，在增比进位、同步

小康考核指标中更加重视贫困地区农村居民收入和社会事业发展；要按照"工作到村、扶贫到户"的要求，做到"六个到村到户"，即结对帮扶干部到村到户，产业发展扶持到村到户，教育培训安排到村到户，农村危房改造到村到户，扶贫生态移民到村到户，基础设施到村到户。"六个到村到户"可谓进入脱贫攻坚关键时期的贵州全面吹响精准扶贫工作的标志性号角。它牢牢抓住了中办发〔2013〕25号文件"六大改革、十项重点工作"的核心，抓住了贫困群众反映最迫切、最现实的问题诉求，抓住了贵州加快缩小与东部基本公共服务均等化差距的希望所在，是贵州省拔穷根、促发展、惠民生、同小康的根本之策，有着鲜明的贵州特色。

贵州省推进精准扶贫工作机制改革，关键是把"责任到县、工作到村、帮扶到户"落到实处。贵州省委省政府在深入推进精准扶贫战略伊始，即把工作重点放到"摸清谁是贫困人口、贫困程度如何、为何贫困、怎样脱贫、谁来帮扶的问题"[1]其工作思路与核心是解决长期困扰扶贫开发工作底数不清、情况不明、指向不准、针对性不强的老大难问题。也由此导引出如何解决好扶谁的贫、谁去扶贫、怎么扶贫三个大问题。对此，2014年年初，贵州省曾提出，针对扶谁的贫，应着力于准确找准扶贫对象问题，通过实物工作法和民主评困等方式，根据国家关于以县为单位、动态管理、规模控制、分级负责的识别要求，准确识别出扶贫对象，做到户有卡、村有册、乡镇有簿、县有档、省市有信息平台。针对谁去扶贫问题，应着力于按照省负总责、市州协调、县抓落实、工作到村、扶持到户的扶贫开发管理体制，按照分级负责、分工负责、权责统一的原则，做到"一村一同步小康工作队，一户一脱贫致富责任人"，实行定点定人定时帮扶，不脱贫不脱钩不撤队。针对怎么扶贫问题，应以建档立卡为基础，一是找准致贫原因，二是制定每村每户的帮扶规划，三是有计划地实行"六个到村到户"，四是限时脱贫致富。为遵循中央和贵州省委省政府建立"工作到村、帮扶到户"精准扶贫工作机制的要求，2014年年初，贵州省提出，优先在贵州省50个贫困县、100个一类贫困乡镇和5486个一类贫困村

---

[1] 叶韬.在全省扶贫资金项目监管改革培训会上的讲话［R］.2014-01-09.

推进精准扶贫工作。

2015年，贵州省精准扶贫工作开始加速，并逐步形成颇具特色的工作体系。2015年4月20日，《贵州省"33668"扶贫攻坚行动计划》（以下简称《计划》）经贵州省委省政府批准，正式出台。"33668"的基本含义是：在3年时间内，减少贫困人口300万人以上，并系统通过实施：结对帮扶、产业发展、教育培训、危房改造、生态移民、社会保障精准扶贫等"六个到村到户"，完成小康路、小康水、小康房、小康电、小康讯、小康寨基础设施"六个小康建设"任务，使贫困县农村居民可支配收入达到8000元以上。该《计划》将2015—2017年列为贵州省精准扶贫"三年重点攻坚期"，并明确规定要完成24个贫困县、375个贫困乡镇"减贫摘帽"，5800个贫困村出列的目标，并对每年基本任务进行分解安排。该《计划》还将2018—2020年设为贵州省精准扶贫"三年巩固提升期"，并明确规定要减少贫困人口163万人以上，1个贫困县、34个极贫乡镇"减贫摘帽"，3200个贫困村出列。为完成上述目标，贵州省从精准考核、社会动员、财政资金使用、小额信贷等方面出台6个配套政策文件，形成"1+6"配套文件❶。

2015年10月，正值中央密集酝酿进一步全面推动全国脱贫攻坚工作的重要时间节点。10月16日，贵州省委省政府为进一步响应、落实党中央、国务院新阶段扶贫开发决策部署，全力推进贵州省精准扶贫工作，确保贵州省与全国同步全面建成小康社会，又及时出台《中共贵州省委贵州省人民政府关于坚决打赢扶贫攻坚战确保同步全面建成小康社会的决定》（以下简称《决定》）。该《决定》明确提出要深刻领会习近平总书记扶贫开发战略思想、深刻理解打赢扶贫攻坚战的重大意义以及深刻认识贵州省扶贫开发面临的形势。《决定》特别指出贵州省贫困面大、贫困人口多、贫困程度深的状况尚未根本改变。对贫困问题与发展问题、生态问题、社会保障问题相互交织等状况进行深度把

---

❶ 其中，"1"是指《贵州省"33668"扶贫攻坚行动计划》，"6"分别指《贵州省贫困县党政领导班子和领导干部经济社会发展实绩考核》《贵州省扶贫开发领导小组关于建立贫困县约束机制的工作意见》《关于进一步动员社会各方面力量参与扶贫开发的意见》《贵州省公募扶贫款物管理暂行条例》《关于建立财政专项扶贫资金安全运行机制的意见》《贵州省创新发展扶贫小额信贷实施意见》6个配套政策文件。

握，并提出要分两步实现扶贫攻坚目标任务：第一步，扎实推进"33668"扶贫攻坚计划、"六个到村到户"和"六个小康建设"脱贫攻坚工程，并提出到2017年年末实现农村贫困人口脱贫300万人以上，24个重点县、375个贫困乡镇"摘帽"，5800个贫困村出列；第二步，深入落实"五个一批"扶持措施，到2020年年末，50个扶贫工作重点县全部摘帽，实现623万现有贫困人口全部脱贫，贫困群众收入迈上新台阶，贫困地区生产生活条件明显改善，基本公共服务水平大幅提高，扶贫对象自我发展能力显著增强，全面消除绝对贫困。为进一步落实《决定》，贵州省即在此后围绕《决定》形成"1+10"配套政策文件。这些配套政策文件分别为：《关于扶持生产和就业推进精准扶贫的实施意见》《关于进一步加大扶贫生态移民力度推进精准扶贫的实施意见》《关于进一步加强农村贫困学生资助推进教育精准扶贫的实施方案》《关于全面做好金融服务推进精准扶贫的实施意见》《关于开展社会保障兜底推进精准扶贫的实施意见》《关于进一步动员社会力量对贫困村实施包干扶贫的实施方案》《关于坚强少数民族特困地区和人口数量较少民族发展推进精准扶贫的实施意见》《关于充分发挥各级党组织战斗堡垒作用和共产党员先锋模范作用推进精准扶贫的实施意见》《贵州省贫困县退出实施方案》10项配套政策文件。

2014年，贵州省全年减少贫困人口170万人，超计划20万人，扶贫工作重点县农民人均纯收入增长17%，高于贵州省平均水平2个百分点。2015年，贵州省全年减少贫困人口130万人，农村贫困发生率下降到14.03%，累计35个贫困县744个贫困乡镇实现"减贫摘帽"。根据国家统计局《中国农村贫困检测报告》显示，2013年，全国贫困标准线为2736元，贫困人口达8249万人，全国贫困发生率为8.5%，减贫速度为16.67%，同年贵州省贫困人口为745万人，贫困发生率为21.27%，减贫速度为26.89%。2014年，全国贫困标准线为2800元，贫困人口达7017万人，全国贫困发生率为7.2%，减贫速度为14.94%，同年贵州省贫困人口为623万人，贫困发生率为17.76%，减贫速度为16.38%。2015年，全国贫困标准线为2968元，贫困人口达5575万人，全国贫困发生率为5.7%，减贫速度为20.55%，同年贵州省贫困人口为493万人，贫困发生率为14.03%，减贫速度为20.87%。综上可见，贵州省的贫困发生率虽然高于全国水平,但贫困发生率的下降速度却较大幅度高于全国平均速度,这意味着贵州省追赶全国步伐在明显提速。此外,在农民人均纯收入的比较上,贵州省50个国家扶贫开发重点县农民人均纯收入也在稳步提升,从2011年的3153元提高到2014年的5909元❶,在以2013—2015年全国与贵州农民人均纯收入比较,全国三年平均数据分别为:8896元、9892元、11422元,贵州省平均数据分别为:8086.86元、9266.39元、10861元。这些充分说明,党的十八大以来,特别是党的精准扶贫政策实施以来,贵州省脱贫进程获得质的飞跃,尤其是减贫数量、减贫速度已经领先于全国。

总的来看,贵州省的精准扶贫战略,是以密切结合贵州省实际情况,通过实施大扶贫战略,搭建政府、市场、社会协同"三位一体"大扶贫格局,实施连片特困区域推进和到村到户扶贫"双轮驱动"所展开。《决定》文件的出台,明确了分两步建成全面小康社会和十大具体战略步骤。第一步,全力贯彻"六个到村到户"和"六个小康建设"。2017年年末实现脱贫300万人,24个贫困县、375个贫困乡"摘帽",贫困县农民人均可支配收入达到8000元;第二步,采取异地搬迁、社保兜底等方法,因地制宜、因人而异完成剩余人口全部脱贫,全面消除贫困。为落实精准扶贫,贵州省提出了精准扶贫"十项行动":①推进基础设施建设,为贫困区发展扫清障碍;②从地区实情出发,实行产业扶贫,促进贫困地区居民就地创业、就业;③落实易地安置计划,生态环境承载力较弱区域实施居民外迁,累计共需迁出142万人;④增强公共服务,防止脱贫群众因病返贫;⑤加大财政、金融政策倾斜力度,确保资金供应链;⑥适时实行社保兜底方针,保障丧失、部分丧失劳动力居民脱贫;⑦加强党组织对贫困区,尤其基层社会覆盖;⑧深入调查贫困区、贫困户实际情况,推进区域性、产业化开发;⑨"实施社会力量包干扶贫行动,加快形成专项扶贫、行业扶贫、社会扶贫有机结合、互为支撑的'三位一体'大扶贫格局"❷。

2016年9月,贵州省正式出台《贵州省大扶贫条例》,该条例以贵州省情

---

❶ 黄承伟.脱贫攻坚省级样本:精准扶贫精准脱贫贵州模式研究[M].北京:社会科学文献出版社,2016.

❷ 省委印发《关于坚决打赢扶贫攻坚战确保同步全面建成小康社会的决定》,来源:http://fpb.zunyi.gov.cn/gzdt/201510/t20151019_365476.html.

为基础，对精准扶贫目标予以进一步细化：扶贫对象精准、项目安排精准、资金使用精准、措施到户精准、因村派人精准、脱贫成效精准[1]，规章制度完善与颁布为精准扶贫理念在贵州的落实推进做好了体制准备。

伴随体制机制不断完善，贵州省脱贫攻坚工作进入迅猛提速的时间段。2014年贵州省派出55964名干部进驻各村，实现党政机关驻村干覆盖率100%。20名省领导分别带队选择20个极端贫困乡镇，采用一对一方式进行定点帮扶。在经济新常态大环境下，贵州省将扶贫与供给侧结构性改革相结合，加快产业脱贫步伐，先后向50个重点县投入资金33亿元，帮助实施项目20000余项，并启动全国首个总金额超过3000亿元的省级脱贫攻坚投资基金，其中1200亿元用于产业脱贫。2016年贵州省委、省政府投资近400亿元解决贫困区基础设施建设问题，数年中累计向贫困地区基础设施建设工程投资超过1600亿元。针对精准扶贫识别问题，各级政府组织工作队进村实地考察，加快推进各地在识别、退出等方面的工作质量，使扶贫资源更加精确落实于真正的需求者。

2017年，可谓贵州省脱贫攻坚工作取得决定性进展的一年。党的十九大召开期间，习近平总书记在参加贵州省代表团讨论时，在充分肯定贵州省"脱贫攻坚成效显著"的同时，殷切要求贵州省把脱贫攻坚作为工作的重中之重，决战脱贫攻坚、决胜同步小康。贵州省委省政府为进一步贯彻落实中央决策部署，坚持把脱贫攻坚作为头等大事和第一民生工程，以脱贫攻坚统揽经济社会发展大局，全力实施大扶贫战略行动，先后组织开展了春季攻势、夏季大比武和秋季攻势，部署实施了以公路"组组通"为重点的基础设施建设、易地扶贫搬迁、产业扶贫、教育医疗住房"三保障"四场硬仗。以"贫困不除、愧对历史，群众不富、寝食难安，小康不达、誓不罢休"的信心和决心，完善顶层设计，动员各方力量，聚集攻坚资源，狠抓责任落实、政策落实、工作落实。立足于从创新脱贫攻坚举措、压实脱贫攻坚责任、全力打好"四场硬仗"、构筑大扶贫格局、加大扶贫资金投入、加强扶贫监督检查、强化典型培树等多个方面入手，2017年，贵州省减少贫困人口123万人，贫困发生率降低到7.75%，

---

[1] 贵州省大扶贫条例［EB/OL］.（2016-09-30）［2017-10-17］. http://www.gzrd.gov.cn/dffg/sgdfxfg/23868.shtml.

赤水市成为贵州省首个脱贫摘帽县。"四场硬仗"作为贵州省脱贫攻坚的重头大戏,亦成果斐然,根据贵州省扶贫办提供数据:2017年,贵州全省投入100亿元,建成2.5万千米通组公路,实现12276个30户以上自然村寨通硬化公路。投入300亿元,全面加快"四在农家·美丽乡村"建设,全力打好易地扶贫搬迁硬仗。完成2016年45万人搬迁任务,完成旧房拆除3.4万户。2017年搬迁项目全部开工建设,其中91个安置点17432套住房全部完成建设。同时,累计完成搬迁人口就业17.52万人,户均实现就业1.7万人。在全力打好教育医疗住房"三保障"方面,贵州省厉行压缩行政经费6%用于教育扶贫,全年累计安排困难家庭学生资助资金16.94亿元,安排28.81亿元改善384万名农村义务教育学生营养,安排3.93亿元改善75.53万名农村学前教育儿童营养,安排1.18亿元对15.04万人建档立卡贫困劳动力进行多轮次培训。累计184.46万人次享受"四重医疗保障",累计补助34.83亿元,并实施省、市、县、乡远程医疗全覆盖。完成20万户"危改""三改"(改厨、改厕、改圈),受益人口52.3万人。除了打好以上四场硬仗外,贵州省在落实国家下达2.95万个护林员名额的基础上,又由各地自筹资金,增加安排生态护林员2.05万人。并依托100个旅游景区和乡村旅游带动1417个贫困村发展旅游,带动29.4万贫困人口就业。此外,贵州省还将农村低保标准平均增调15%达到3580元,有力保障了农村困难群众的基本生活。

  从精准工作角度看,2017年贵州省扶贫工作主要的特点包括:一是进一步坚持精准识别。按照定量+定性+定程序"三定"工作方法,以"一达标两不愁三保障"作为贵州省统一的脱贫标准,严格遵循"两公示一比对一公告",做到不省一个环节、不落一个步骤。在全年脱贫攻坚"春季攻势""夏季大比武""秋季攻势"行动中,组织省市县乡村五级干部认真"回头看",在贵州省先后进行了三次大规模摸排,贵州省新增贫困人口60.1万人,清退37.5万人,净增建档立卡贫困人口22.6万人,识别精度进一步提高。二是进一步坚持精准帮扶。根据贫困村贫困户的致贫原因和基本情况,对贫困村贫困户精准落实基础设施建设、产业扶持、易地扶贫搬迁、教育培训、医疗卫生保障等措施。从县直以上机关选派7368名干部担任贫困村第一书记,选派万名驻村干部，组成8519个工作组进驻贫困村帮扶。组建85支农业特色专业团队，组织农业专家4647人参加"订单服务"和"集中会诊"，帮助各地解决农业技术难题4543个，推广农业新技术490项，推广农作物新品种336个。三是进一步坚持精准退出。严格对标国家规定的贫困县、贫困村、贫困人口退出标准和程序要求，及时调整完善贵州省"十三五"脱贫攻坚滚动规划和年度计划，按照国务院扶贫办要求，集中两个月进行脱贫标注，据初步统计，贵州省有2300个村可实现国家脱贫退出标准。

进入2018年，是贵州省全面贯彻落实党的十九大精神和习近平总书记在贵州省代表团重要讲话精神的开局之年。这一年也是贵州省决战脱贫攻坚、决胜同步小康、实施"十三五规划"至关重要的一年。为此，贵州省扶贫办向全省各级扶贫部门提出，要坚决按照中央农村工作会议和全国扶贫开发工作会议部署，坚持把脱贫攻坚作为头等大事和第一民生工程，坚持以脱贫攻坚统揽经济社会全局，要以扶贫领域作风治理为抓手，"从注重全面推进帮扶向更加注重深度贫困地区攻坚转变，从注重减贫进度向更加注重脱贫质量转变，从注重完成脱贫目标向更加注重增强群众获得感转变，从注重找准帮扶对象向更加注重精准帮扶稳定脱贫转变，从以开发式扶贫为主向开发式和保障性并重转变，加大工作力度，强化考核监督，确保再减少农村贫困人口120万人以上，贫困地区农村居民人均可支配收入增幅高于全国平均水平，力争实现16个贫困县摘帽、2500个贫困村退出"❶。

### 三、十八大以来贵州省扶贫工作考核简介

党的十八大以来，贵州省委省政府对于扶贫工作，以及扶贫工作考核的推进力度是富有成效的。2013年9月11日，时任贵州省委书记赵克志在省委常委会上曾明确指出"要把扶贫开发作为第一民生工程，大力实施集中连片特殊困难地区发展规划，全力总攻绝对贫困，大幅度减少贫困人口"。为此，赵克志提出贵州省要按照"省负总责、县抓落实"的要求，完善扶贫开发考核评价

---

❶ 李建（贵州省扶贫开发办公室主任）《以习近平新时代中国特色社会主义思想为指引时不我待只争朝夕打好关键之年脱贫攻坚战——在全省扶贫办主任会议上的讲话》，2018年2月24日。

体系，在增比进位、同步小康考核指标中更加重视贫困地区农村居民收入和社会事业发展等系列要求。2014年年初，时任贵州省省长陈敏尔在贵州省政府第15次常务会议上针对贵州扶贫工作考核，提出要建立符合贵州省实际的"一个总管、两个侧重点"的考评框架体系，即：一是管总的同步小康监测体系，二是管第一要务的经济发展增比进位体系，三是管第一民生的扶贫开发考核体系。把考核扶贫开发作为贵州省委省政府落实"第一民生工程"的重大战略来抓。

2014年上半年，《贵州省贫困县扶贫开发工作考核办法》（以下简称《考核办法》）出台，该《考核办法》主体内容包括"考核对象、考核内容、组织实施、结果运用、组织保障"五个部分28条，一是明确考核对象是全省50个扶贫工作重点县县委书记、县长和党委、政府领导班子。二是明确考核内容包括落实党政一把手负总责的扶贫开发工作责任制、完善贫困县考核评价体系、建立减贫目标责任制、建立完善精准扶贫机制、完善定点扶贫和对口帮扶工作机制等方面。三是明确考核指标设置，共设置了5各部分23项考核指标34个小项指标，做到与贵州省委省政府同步小康和增比进位考核指标相衔接。四是明确组织实施，由贵州省扶贫开发领导小组统筹，贵州省扶贫办牵头组织并制定工作规则，贵州省有关部门提供贫困县上年度扶贫开发考核指标数据，贵州省扶贫办汇总后报贵州省扶贫开发领导小组审定后公布。五是明确考核结果评价运用，由上级党委组织部门按干部管理权限牵头负责，将扶贫开发工作成效作为评价县委书记、县长工作实绩的重要内容，作为选拔干部任用、年度考核等次确定和奖惩的重要依据。建立该《考核办法》，旨在从制度上破除贫困地区以GDP、招商引资论英雄，未把主要精力放在减贫发展工作上来的思想，切实把贫困地区党政领导干部特别是主要领导干部的主要精力转移到发展扶贫产业、改善民生、提高贫困地区基本公共服务均等化水平上来，是扶贫攻坚体制机制的重大转变。

此外，为进一步强化驻村帮扶工作的扎实推进，《贵州省同步小康驻村干部考核评价办法》（以下简称《评价办法》）（黔党建办发〔2014〕8号）也随即出台，该《评价办法》明确要求对驻村干部与结对帮扶人员考核时，要将

"六个到村到户"工作纳入目标责任考评项目之中,对帮扶工作开展情况实行动态跟踪管理,实行扶贫帮扶"三挂钩"制度,即扶贫开发工作与评先评优挂钩、与效能考核挂钩、与干部职工评先选优挂钩。以该《评价办法》为依据,贵州省各市(州)县区也相应制定了《同步小康驻村干部考核评价实施细则》。考核内容涉及驻村干部落实协助建档立卡、促进精准扶贫、帮助建设通村水泥路、促进基础设施改善等。具体考核形式采取日常考核、半年考核、年终考核、综合评定等。贵州省、市(州)、县三级组织年底均会评选驻村工作先进集体和优秀个人,优秀驻村干部由组织提拔重用[1]。

2016年2月,为确保到2020年现行标准下农村贫困人口实现脱贫,贫困县全部摘帽,解决区域性整体贫困,根据《中共中央、国务院关于打赢扶贫攻坚战的决定》(中发〔2015〕34号),中共中央办公厅、国务院办公厅下发了《省级党委和政府扶贫开发工作成效考核办法》(厅字〔2016〕6号),该《成效考核办法》旨在"围绕落实精准扶贫、精准脱贫基本方略,坚持立足实际、突出重点,针对主要目标任务设置考核指标,注重考核工作成效;坚持客观公正、群众认可,规范考核方式和程序,充分发挥社会监督作用;坚持结果导向、奖罚分明,实行正向激励,落实追究责任,促使省级党委和政府切实履行职责,改进工作,坚决打赢脱贫攻坚战"。《成效考核办法》中,第三方评估作为"精准识别""精准帮扶"两大内容的主要考核力量方式首次得到确认。2016年4月,中共中央办公厅、国务院办公厅又下发了《关于建立贫困退出机制的意见》(以下简称《机制意见》)的通知,在坚持实事求是、坚持分级负责、坚持规范操作、坚持正向激励的基础上,提出了贫困人口退出、贫困村退出和贫困县退出的标准和基本程序,明确提出"一达标两不愁三保障"是贫困人口退出销号的基本标准,贫困发生率降至2%(西部地区降至3%)分别是贫困村和贫困县的退出标准,并要求要把贫困退出年度任务完成情况纳入中央对省级党委和政府扶贫开发工作成效考核内容。此外,该《机制通知》再次重申"要开展效果评估,确保贫困退出机制的正向激励作用"。基于此,该《机

---

[1] 黄承伟.脱贫攻坚省级样本[M].北京:社会科学文献出版社,2016.

制通知》无疑可视作是对《考核办法》的细化和补充。与中央要求对应，中共贵州省委办公厅、贵州省人民政府办公厅也于 2016 年 4 月印发了《贵州市县两级党委和政府扶贫开发工作成效考核办法》（黔委厅字〔2016〕26 号）该扶贫办法提出"分类考核、突出重点""正向激励保障、负向惩戒约束"和"科学简便、客观公正"等原则，将贵州省 9 个市州党委政府和贵安新区党工委和管委会，66 个贫困县党委和政府，以及 19 个有扶贫开发任务的非贫困县党委和政府均纳入分类考核对象。明确了以实行"过程检查""第三方评估"和"年终考核"三种方式相结合，并依照国家考核指标和省级考核指标两部分同时进行。

为深入贯彻落实党中央、国务院决策部署，2016 年 2 月以来，贵州省委、省政府提出实施大扶贫战略行动，实行党政一把手负总责的责任制，坚持把脱贫攻坚作为"第一民生工程"，以更加明确的目标、更加有力的举措、更加有效的行动，深入实施精准扶贫、精准脱贫。先后制定"1+6""1+10""1+4"扶贫开发政策体系，出台了《贵州市县两级党委和政府扶贫开发工作成效考核办法》（黔委厅字〔2016〕26 号），明确省市两级考核内容。并要求省、市、县、乡、村五级要进一步实行"倒计时"、制定"作战图"，立下"军令状"，层层压实责任，级级传导压力，将贵州省脱贫攻坚工作及考核提升到空前严格的局面。

2016 年 9 月 30 日，贵州省人大常委会审议通过的《贵州省大扶贫条例》明确规定：建立独立、公正、科学、透明的扶贫成效第三方评估机制，可以委托有关科研机构和社会组织，采取专项调查、抽样调查和实地核查等方式，对各级人民政府、有关部门和单位的扶贫成效进行评估。在考核方面，《贵州省大扶贫条例》明确规定："县级以上人民政府应当建立健全扶贫开发考核机制，优化细化扶贫成效考核指标，实行分级考核、排名公示和结果通报制度，将扶贫政策落实情况及目标任务完成情况作为各级人民政府和有关部门及其主要负责人考核评价的重要内容。""易地扶贫搬迁考核应当将脱贫成效、住房建设标准、工程质量、资金使用、搬迁户负债情况等作为重要内容。""对口帮扶实行双向考核，按照国家有关规定建立健全考核机制。"等。

进入2017年，贵州省的扶贫工作成效考核更进一步强化。总的来看，贵州省扶贫工作成效考核主要包括脱贫攻坚成效考核和"减贫摘帽"预评估两大块，虽然提法有所不同，实则目标一致，其具体考核内容均包括"定量考核"和"定性考核"两种。定量考核主要包括五个方面：一是减贫成效。包括贫困人口减少、贫困县退出，贫困地区农村居民收入增长情况。二是精准管理。包括贫困人口识别、退出准确率（重点关注漏评、错评、错退）。三是精准帮扶。主要考核因村因户精准帮扶工作情况，以及帮扶责任人工作落实情况，驻村工作队工作开展情况，第一书记履职情况，非贫困户对村级基础设施改善和公共服务能力提高的认可情况。四是资金管理。包括财政扶贫资金安排、使用、监管的成效（数据由省财政厅、省扶贫办提供）。五是减分项。具体数据由贵州省委督查室、贵州省政府督查室、贵州省扶贫办提供。

定性考核包括三个方面：一是返贫情况，对因脱贫质量不高、帮扶工作不实的返贫进行核查。二是"三落实"情况。责任落实，主要对照《脱贫攻坚责任制实施办法》，考核市县落实责任体系建设和落实情况，脱贫攻坚年度减贫任务完成情况。政策落实，主要对照《中共贵州省委贵州省人民政府关于坚决打赢扶贫攻坚战确保同步全面建成小康社会的决定》和行业政策安排，考核脱贫攻坚政策落实情况。工作落实，主要考核市县贯彻贵州省委、省政府年度脱贫攻坚重要部署和重大举措情况（比如贵州省委省政府先后发起的脱贫攻坚春季攻势、夏季大比武、秋季攻势、"四大硬仗"、深度贫困地区脱贫攻坚推进情况）；精准识别、精准退出动态调整是否准确规范；扶贫资金安排使用、扶贫项目实施进展、贫困群众利益联结等方面的情况。三是对贵州省拟摘帽县进行相关核查。主要核查漏评率、错评率、群众认可度，推算综合贫困发生率，并对其做出摘帽申报预判。

考核方式而言，主要采取县总结、座谈访谈、入户调查的方式进行。县总结，形成年度脱贫攻坚工作自查报告，提交评估组审查。座谈访谈，分为县级层面、乡村层面和入户调查层面，县级层面需安排集中座谈交流和个别谈话，对象包括单位负责人、人大代表、政协委员、镇村干部和第一书记等对象，并会实地考察产业扶贫、就业扶贫、易地扶贫搬迁、健康扶贫、教育扶贫等方面情况。乡村层面主要安排乡村干部、驻村扶贫工作队员和帮扶责任人座谈，重点了解政策落地、项目实施、责任落实和资金使用管理方面的情况，同时也会列出一定涉及相关问题的"负面清单"。入户调查，以对拟摘帽县选取样本量500户和非贫困县300户，以及选取3个贫困村和2个非贫困村的基本标准进行，样本对象一般选取地理位置较为边远、基础设施薄弱、发展滞后且贫困发生率较高的村，有极贫乡镇的县必须抽取其一个村，有深度贫困村的县，必须抽取1个深度贫困村，对被调查村选取样本量时一般注意脱贫户、贫困户和非贫困户各10户的大致标准进行，同时还会在其中抽取出1个贫困村、1个非贫困村的边远村民组进行整组普查。此外，还会对2017年返贫户、五保户、低保户、危房户、残疾人、异地搬迁户等特殊群体进行重点关注，了解精准识别、精准退出和脱贫攻坚政策措施、资金项目与精准帮扶到户情况等，并且要求每晚12点前将当天调查的原始数据汇总报贵州省扶贫办。

与此同时，贵州省扶贫开发工作进一步强化省负总责、市县抓落实的工作机制，强化党政一把手负总责的责任制，层层签订脱贫攻坚责任书，压紧压实"五主五包"责任链任务链❶，坚持脱贫攻坚"双组长制"和"指挥长制"，常态化研究部署脱贫攻坚工作已经成为贵州省统一步调。严格考核市县两级党委和政府脱贫攻坚工作成效，对于年度考核排末位的市（州），分别由省委书记和省长约谈市（州）委书记和市（州）长，对排在后五位的贫困县，由县委书记在大会上向全省做公开表态发言，并由省委组织部长和分管副省长对县委书记、县长进行约谈，全国政协主席汪洋曾对此做法给予充分肯定。

综上可见，贵州省实施的扶贫工作成效系列考核均是紧密围绕中央相关要求，同时又设立一定"自选动作"以使各地推进扶贫工作抓手更明、方向更准、实效更显。贵州精准扶贫工作的提速增效，持续强化的考核无疑在其中发挥着突出的导向性作用。

---

❶ "五主"指：党委主责、政府主抓、干部主帮、基层主推、社会主扶，"五包"指：省领导包县、市（州）领导包乡、县领导包村、乡（镇）领导包户、党员干部包人。

# 第三章　开展国家精准扶贫工作成效第三方评估作用及意义

## 一、国家扶贫工作成效考核引入第三方评估缘由

### （一）引入第三方评估工作机制的由来

第三方评估作为典型的外部制衡机制，已经成为现代社会绩效管理的重要形式。从西方国家实行第三方评估的实践看，第三方一般是指独立于委托方（第一方）与被评方（第二方）之外，不具有任何隶属或利益相关的独立评估组织，主要由具有相关专业背景，拥有一定权威性的非政府组织（NGO）来担任。在我国，第三方评估的主体则相对更为宽泛，如受政府机构委托或认可的研究咨询机构、高校、中介组织、专业公司、甚至普通民众等，均可以成为第三方评估主体。综上，第三方评估可基本定义为：以中立身份介入，并根据委托方指定的内容及设定指标，对被评方展开专业、公正、客观的评价估量行为活动。

2014年以来，第三方评估工作机制作为改革创新政府管理方式的重要内容之一，被国务院督查工作所正式启用。开展第三方评估，其优势在于能更好地发挥研究咨询等机构（组织）的独立性和专业性，确保评估结论的公正性和客观性，避免再循以往政府部门在考核中既当运动员又当裁判员的老路，使政府工作绩效评价更趋客观公正。目前，第三方评估工作机制已经广泛在环保、国土、教育、水利等领域得到开展，并产生良好效果。李克强总理也曾多次在《政府工作报告》及国务院有关会议上，对第三评估的功能价值进行了肯定。2015年11月，随着《中共中央 国院院关于打赢脱贫攻坚战的决定》的颁布，第三方评估首次

进入中央推动全国脱贫攻坚工作的决策部署。2016年2月,《成效考核办法》对第三方参与扶贫工作成效评估进行了明确定位。自此,第三方评估在介入脱贫攻坚工作中获得国定身份。2016—2017年,随着国家精准扶贫工作成效第三方评估工作的先后开展,第三方评估"敢于较真碰硬""敢于揭丑亮短"的鲜明工作特征,给各地扶贫领域带来了前所未有的冲击,并逐渐受到高度重视。

### (二)第三方评估是扶贫开发工作成效考核的重要环节

众所周知,我国的反贫困历程充满着艰辛坎坷,国家扶贫战略曾经历长期不断调整,如从救济式扶贫向开发式扶贫转变,从以贫困县瞄准向贫困村、贫困户逐步聚焦瞄准,从政府单纯行动,向政府、市场、社会协同推进大扶贫发展的格局,从"大水漫灌"向"精准滴灌"等一系列重大工作方法的转变,最终在党的十八大召开以来,逐渐趋于成熟完善,并形成震撼世界的贫困治理"中国方案"。可以说,精准扶贫战略是以习近平为总书记的党中央在深刻把握全国经济社会发展形势的基础上,创造性地破题、点题,所做出的英明决策和重大部署,走出了确保我国全面步入小康社会的"制胜一着"。

精准扶贫工作贵在精准,更重在不折不扣地落实,诚如习近平总书记所指出,扶贫工作必须务实,脱贫过程必须扎实,脱贫结果必须真实。此"三个必须"重要论述,是指导我们牢牢把握当前脱贫攻坚工作的基本原则,更是确保扶贫攻坚工作不掺水分,经得起历史和人民检验的根本方法。2015年年底,在中央扶贫开发工作会议上,明确要求中西部22各省(自治区、直辖市)层层签订脱贫攻坚责任书、立下军令状,以此树立扶贫必胜的决心。仅仅两个多月后,《成效考核办法》随即颁布出台,其根本目的是进一步压实各级党委、政府的工作责任。根据《成效考核办法》,中央对中西部22个省级党委和政府的扶贫工作成效考核在每年年底开始,次年2月结束(基本步骤如图3-1)。主要内容包括:减贫成效、精准识别、精准帮扶和扶贫资金使用四大方面7个内容。其中,"减贫成效"和"扶贫资金"两大方面❶的考核,主

---

❶ 根据《省级党委和政府扶贫开发工作成效考核办法》:减贫成效。考核建档立卡贫困人口数量减少、贫困县退出、贫困地区农村居民收入增长情况;扶贫资金。依据财政专项扶贫资金绩效考评办法,重点考核各省(自治区、直辖市)扶贫资金安排、使用、监管和成效等。

要是各省级党委和政府以总结报告形式、动态监测数据汇总及财政专项扶贫资金绩效考评等形式展开，其侧重点在于关注宏观管理层面。"精准识别"和"精准帮扶"两大方面考核，则依据国务院扶贫开发领导小组委托的科研机构和社会组织开展的第三方评估获得，"精准识别"主要是对建档立卡贫困人口识别、退出精准程度的考核，"精准帮扶"则主要是对驻村帮扶工作的认知和满意度考核。总而言之，第三方评估的具体操作方式包括专项调查、抽样调查和实地核查等，其出发点在于充分发挥社会监督功能，以更可靠更公正的尺度来进一步验证扶贫微观实施效果。

此外，《成效考核办法》还明确对"未完成年度减贫计划任务""违反扶贫资金管理使用规定""违反贫困县约束规定，发生禁止作为事项""违反贫困退出规定，弄虚作假、搞数字脱贫""贫困人口识别和退出准确率、帮扶工作群众满意度较低"及"纪检、监察、审计和社会监督发现违纪违规问题"六种情况，挥剑直指"不作为、乱作为、假作为"，进行严肃追责。此外，《成效考核办法》还明确要求把考核结果与"官帽"挂钩，推动各级领导干部切实履责，力度之大堪称前所未有。

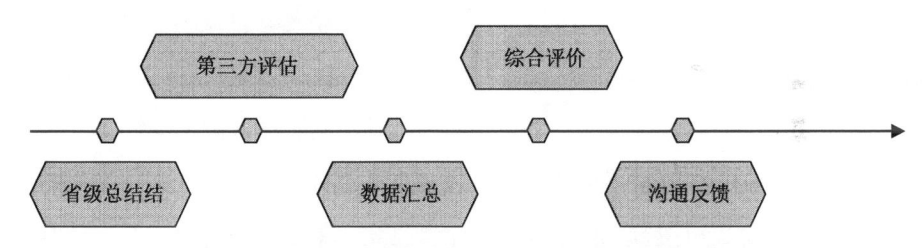

图 3-1 省级党委和政府扶贫开发工作成效考核基本步骤

## 二、开展国家精准扶贫工作成效第三方评估重大意义

### （一）第三方评估是践行习近平扶贫思想的基本体现

习近平扶贫思想是中国特色社会主义建设发展到新的历史时期，以习近平为总书记的党中央把扶贫开发摆到治国理政的重要位置，在对我国扶贫工作深刻把握、科学总结的基础之上，创新性地从战略定位、战略重点、实施方略、

目标要求及方法路径等方面，先后进行的系列精辟论述，而形成的科学、系统扶贫思想。这一系列重要扶贫思想，是指导我国当前和今后一个时期推进扶贫攻坚工作，到2020年顺利实现同步小康宏伟目标的强大思想武器和行动指针。精准扶贫，作为新时代习近平扶贫思想的核心要义，其立于精炼重于准确，找准了当前我国正值"啃硬骨头、攻坚拔寨"扶贫工作冲刺阶段的脉搏，是我们一切扶贫行动所必须遵循的基本原则。2015年6月，习近平总书记在贵州省考察时，首次提出"六个精准"的基本要求，即"扶持对象精准、项目安排精准、资金使用精准、措施到户精准、因村派人精准、脱贫成效精准"，标志着我国精准扶贫工作抓手更为明确，路径更为清晰。观察"六个精准"不难发现，"对象、项目、资金、措施、帮扶"五个精准主要涉及扶贫工作措施或方法，而"脱贫成效精准"，则是前述五个精准的根本落脚点。对于如何实现脱贫成效精准，习近平总书记指出："考核脱贫成效，既要看数量，也要看质量，要强化监督和问责"，"扶贫工作必须务实，脱贫过程必须扎实，脱贫结果必须真实"。为贯彻落实习近平总书记关于强化监督并确保脱贫真实有效的一再要求，2015年11月，《中共中央 国院院关于打赢脱贫攻坚战的决定》首次提出，要"加强对扶贫工作绩效的社会监督，开展贫困地区群众扶贫满意度调查，建立对扶贫政策落实情况和扶贫成效的第三方评估机制"。2016年6月，《成效考核办法》更进一步明确了第三方评估在扶贫工作成效考核中的职能定位。2017年，中央一号文件再次指出，要"严格执行脱贫攻坚考核监督和督查巡查等制度，全面落实责任。坚决制止扶贫工作中的形式主义做法，不搞层层加码，严禁弄虚作假，务求脱贫攻坚取得实效"。综上可知，第三方评估在国家扶贫工作成效考核中具有重要而特殊的作用，其源头正是习近平总书记的扶贫思想。

（二）第三方评估是完善国家贫困治理体系的重要构件

党的十八大以来，以习近平为核心的党中央审时度势，为推动国家治理新局面，开创性地提出了一系列新思维、新理念和新战略。其中，创新、协调、绿色、开放、共享五大发展理念，作为"我国发展思路、发展方向、发展着力点的集中体现"，是我国经济社会发展和国家治理体系构建所必须遵循的核心基石。当前，我国协调推进的"四个全面"战略布局，作为新的历史时期治国理政的总方略，也正是以五大理念为出发点。应该看到，消除"绝对贫困"仍然是我国当前协调推进"四个全面"战略布局的关键难题，扶贫治理体系在国家治理体系中必然占据特殊而重要的位置。为此，推进国家治理体系现代化，首先必须推进扶贫治理体系现代化。贫困治理过程，也是一个社会系统重新组合、动员的过程。经过几代扶贫人的不懈努力，如今我国扶贫工作体系从组织、政策、运行、责任、动员，以及考评等方面正在不断成熟和完善，为全球贫困治理贡献出举世瞩目的"中国方案"。第三方评估作为扶贫协作机制创新，是在党中央的高度重视下，被纳入贫困治理体系的顶层设计，它以社会力量参与扶贫的形式，站在非行政管理、无利益相关的客观立场，发挥积极的社会监督作用，并利用系列方法、工具系统评价政府扶贫工作成效。显然，这是在对我国30余年扶贫工作管理体系进行深入反思之后，于扶贫制度创新方面所取得的重要突破。习近平总书记曾深刻指出："小康不小康、关键看老乡"，平实的语言却蕴藏着丰富内涵，它不仅揭示开展精准扶贫精准脱贫工作的实质，而且还强调要转变传统扶贫工作成效评价方式，凸显出贫困群众的主体地位和作用。第三方评估采用包含主客观内容的调查问卷，以多种类型农户为调查对象，展开如实记录和客观分析，将以往易被忽略的扶贫对象主观感受具体化、指标化，并置于考核的重要内容，以求最大限度获取相对客观的评价结果。可见，其对于观察"关键看老乡"的作用是明显的。此外，以往扶贫工作成效考核，主要依赖于上级对下级垂直的行政检查和监督来完成，成绩优劣大体要由上级综合确定。第三方评估的介入，无疑打破传统考核格局，强化了受评方对考核结果的不可预见性，从而引导甚至刺激受评方必须对工作本身不断精益求精，才有可能化解"差评"风险。总之，第三方评估作为独特且重要的考核形式，已经成为我国贫困治理体系中不可或缺的组成部分。

**（三）第三方评估是提高扶贫工作成效社会认可度的必然途径**

习近平总书记指出："我们不能一边宣布全面建成了小康社会，另一边还有几千万人口的生活水平处在扶贫标准线以下，这既影响人民群众对全面建成小康社会的满意度，也影响国际社会对我国全面建成小康社会的认可度。"全面实现扶贫攻坚目标，既需要各级政府在精准扶贫、精准脱贫工作中的不懈努力，也需要对各地扶贫工作最终成效，实施客观公正的评估核定工作。以往政府部门既当运动员又当裁判员的"自证"方式，有着较为明显的局限性，难获广泛认同。独立于行政管理体制之外的第三方评估，以其身份的中立性和操作的客观性，作为一种被国际社会所公认的外部制衡机制，明显能对提高社会认可度发挥更为有效的作用。正如李克强总理于2014年8月27日在国务院常务会议上所指出："要用第三方评估促进政府管理方式改革创新，通过加强外部监督，更好地推动国务院各项政策的落实。"这次会议上，李克强总理还专门要求："有关部门要逐步尝试，将更多社会化专业力量引入第三方评估，进一步加强对政策落实的监督、推动，不断提高政府的公信力。"经过3年多的时间，国内不少职能部门的持续探索和实践，第三方评估机制已经逐渐成为国内政府绩效管理的重要形式之一。当然，作为一项新生事物，我国第三方评估形式在"独立性""专业性"和"权威性"等方面仍需要不断强化改进，以便更贴近社会发展所需，但较之传统"自拉自唱""自己给自己唱赞歌"的政府部门评估形式而言，其带来的正面价值和有效性显然有目共睹。同理，经过2016年的"试"评估和2017年的正式评估，扶贫工作成效第三方评估虽然仍处于需要持续改进的过程，但从近来相关各方的反馈看，其操作流程的严谨性、发掘问题的深入性、评估结论的公正性，已经使"假脱贫""被脱贫"和数字脱贫等形式主义扶贫风险有效降低，并在社会舆论中带来良好反响。

### （四）第三方评估是推动精准扶贫提质增效的强大动力

以评促建、以评促改，是第三方评估对于扶贫工作本身所带来的显著导向价值。习近平总书记指出："脱贫攻坚必须坚持问题导向，以改革为动力，以构建科学的体制机制为突破口，充分调动各方面积极因素，用心、用情、用力开展工作。"针对扶贫工作成效，第三方评估主要从微观样本入手，通过面向不同类型、不同背景的农户或个人展开调查。同时，它对样本的确定却又具有较强随机性。这样的操作特点，使被评估的地方政府部门难于采取简单的"防范"策略来临时应对。故从理性降低"差评"风险考虑，受评的地方政府唯有选择严格对照"两率一度"和"两不愁三保障"的基本要求，按照贫困识别四个"准"、精准帮扶四个"真"、脱贫退出四个"实"，以及贫困退出验收"六问""六环节"等操作要求,对所辖农村社区进行大量反复对照、梳理和排查,并及时做出相应修正或完善,努力避免发生疏漏。与此同时,由于第三方评估通过"满意度"调查来反映农户对于扶贫工作的体会,这不仅是对"党的群众路线"的生动实践,还能极大强化农户在扶贫行动中的获得感、参与感和话语权,从而进一步激发出贫困农户内生动力和自我发展活力。此外,第三方评估正逐渐成为扶贫领域推动全面从严治党的利器。正是通过大量问卷、访谈、反馈等形式,第三方评估可以快速折射出各地方领导干部在对待扶贫工作中,是否切实践行落实习近平总书记关于"真扶贫、扶真贫、真脱贫",以及"扶贫工作必须务实、脱贫过程必须扎实、脱贫结果必须真实"的重要指示,这不仅表明我党历来实事求是的基本路线,而且还揭示党中央在整个扶贫工作中厉行从严治党的坚强决心。总之,第三方评估恰如一把利剑,以敢于较真碰硬的勇气,直指虚假脱贫、数字脱贫等形式主义不良倾向,切实发挥出传导压力、压实责任的"推进器"作用。

# 第四章　国家精准扶贫工作成效第三方评估基本内容

根据《省级党委和政府扶贫开发工作成效考核办法》，扶贫工作成效第三方评估的工作重点集中于关注"两率一度"问题。"两率"指贫困人口识别准确率和贫困人口退出准确率，"一度"指群众对因村因户帮扶工作满意度。为此，可以把关注"两率一度"问题理解为判断地方政府落实扶贫工作"六个精准"的核心要素，所谓"六个精准"是指：扶贫对象精准、项目安排精准、资金使用精准、措施到户精准、因村派人精准、脱贫成效精准。

## 一、贫困人口识别准确率

这是考察受评县对现有建档立卡贫困户识别的准确程度问题，由于历史原因，贫困人口的识别准入存在一段相对复杂、甚至随意的时期，比如实施贫困人口"规模控制"管理时期，各地为完成贫困人口指标任务，一些不属于贫困人口的农户也被吸纳进入国家扶贫管理系统，虽随着后来的多次"回头看"梳理，此类农户已经被逐渐清除出系统，但在 2014 年实施精准扶贫以来，一些农村地区由于程序及管理疏忽，在贫困户识别方面仍然存在一定误差（主要操作内容见表 4-1）。

表 4-1  贫困人口识别准确率操作内容一览

| 类别 | 概念 | 基本判断内容 | 基本判断工具 |
| --- | --- | --- | --- |
| 错评及错评率 | 错评指按照国家识别标准，不应被纳入精准扶贫建档立卡系统的农户情况；错评率即指该类错误纳入户在总贫困户中的比重。计算公式为：<br>错评率 = $\dfrac{\text{错评贫困户}}{\text{样本总量}} \times 100\%$ | 1. 是否低于国家颁布的最新人均可支配收入标准？<br>2. 是否存在"两不愁三保障问题"？<br>3. 是否存在"四有人员"问题？ | 1. 问卷数据核查鉴别；<br>2. 程序合规审查鉴别（关注"两公示一公告"）；<br>3. "四看法"画像鉴别。 |
| 漏评及漏评率 | 漏评是指按照国家精准识别标准，应被纳入却未被纳入精准扶贫建档立卡系统的农户；漏评率指该类户数在全部样本户中的比重。计算公式为：<br>漏评率 = $\dfrac{\text{漏评贫困户}}{\text{样本总量}} \times 100\%$ | 1. 是否低于国家颁布的最新人居可支配收入标准？<br>2. 是否存在"两不愁三保障问题"？<br>3. 是否存在"四有人员"❶问题？ | 1. 随机访谈及问卷梳理；<br>2. "四看法"画像鉴别；<br>3. 向镇村两级负责人反馈复核。 |

## 二、贫困人口退出准确率

贫困人口退出准确率主要是考察受评县的脱贫户是否真正达到精准退出相关标准及其准确程度问题，根据以往经验信息，一些地方出于政绩或操作粗放等原因，导致一部分农户对于当前贫困线标准而言，存在"未脱已退"和"应退未退"两种情况，这显然与国家精准扶贫理念是相悖的（主要操作内容见表 4-2）。

---

❶ 四有人员：指直系亲属中存在有小轿车、有商品房、有国家公职人员、有工商注册登记四种情况的人员。

表 4-2　贫困人口退出准确率操作内容一览

| 类别 | 概念 | 基本判断内容 | 基本判断工具 |
|---|---|---|---|
| 错退及错退率 | 错退指按照国家精准退出标准，本应继续纳入精准扶贫建档立卡系统的农户情况；错退率即指该类错退户数在全部样本量中的比重。计算公式为：<br>$错退率 = \dfrac{错退贫困户}{样本总量} \times 100\%$ | 是否存在以下情形：<br>1. 未达国家颁布的最新人居可支配收入标准；<br>2. 没有实现吃穿不愁；<br>3. 缺乏安全饮水；<br>4. 缺乏义务教育；<br>5. 缺乏基本医疗保障；<br>6. 缺乏住房安全保障；<br>7. 当年因灾致贫或返贫；<br>8. 建档立卡"回头看"后新纳入贫困户；<br>9. 未落实帮扶措施。 | 1. 问卷数据核查鉴别；<br>2. 程序合规审查鉴别（关注"两公示一公告"）；<br>3. 国家及省级标准比对；<br>4. 向镇村两级负责人反馈复核。 |
| 漏退及漏退率 | 漏退是指按照国家精准退出标准，应该退出却未被退出精准扶贫建档立卡系统的农户；漏退率指该类农户数在全部样本户中的比重。计算公式为：<br>$漏退率 = \dfrac{漏退贫困户}{样本总量} \times 100\%$ | 1. 家庭人居可支配收入稳定超过国家最新标准；<br>2. 实现"两不愁三保障"；<br>3. 有增收渠道；<br>4. 存在"四有人员"问题。 | 1. 问卷数据核查鉴别；<br>2. 程序合规审查鉴别（关注"两公示一公告"）；<br>3. 国家及省级标准比对；<br>4. 向镇村两级负责人反馈复核。 |

## 三、因村因户帮扶工作满意度

精准扶贫战略实施以来，贵州省各地均明确建立起省、市、县、乡、村联动扶贫工作机制，采用诸如"一村一同步小康工作队"等形式，明确帮扶主体及参与人员，全力配合乡镇党委、政府及所驻村村支两委，实行定点、定人、定时、定责帮扶，力求进一步推动所驻村精准识别、精准帮扶、精准退出等项工作进一步提速增效。第三方评估对于因村因户帮扶工作满意度的测评，主要是从农户对扶贫工作的认知程度来展开。其基本逻辑是：从调查对象是否得到过帮扶入手，进一步引导出其对相关各项满意度（认可度）的评价（主要操作内容见表 4-3）。

表 4-3　因村因户帮扶工作满意度（认可度）操作内容一览

| 类别 | 评价内容 | 评价标准 | 主要调查对象 |
| --- | --- | --- | --- |
| 驻村工作队帮扶工作满意度 | 了解驻村工作队到村落实帮扶工作情况 | 满意或不满意（认可或不认可，下同） | 贫困户、脱贫户、非贫困户 |
| 帮扶责任人帮扶工作满意度 | 了解帮扶责任人对调查对象的帮扶工作情况 | 满意或不满意 | 贫困户、脱贫户 |
| 帮扶方式满意度 | 了解调查对象对所获帮扶方式（如现金、物资、解决生活困难、发展项目或途径等）情况 | 满意或不满意 | 贫困户、脱贫户 |
| 帮扶工作效果满意度 | 了解调查对象对所获帮扶方式的评价 | 满意或不满意 | 贫困户、脱贫户 |

# 第五章 贵州省扶贫工作成效省级第三方评估工作回顾

## 一、基本背景

2016年2月,根据《中共中央、国务院关于打赢脱贫攻坚战的决定》,中央出台《省级党委和政府扶贫开发工作成效考核办法》,紧接着又公布《关于建立贫困退出机制的意见》。在中央扶贫开发工作会议上,习近平指出,考核脱贫成效,既要看数量,也要看质量,要强化督察和问责,要层层签订责任书,立下军令状,对工作不得力的省份,国务院扶贫开发领导小组要向中央报告并提出责任追究建议,完不成年度扶贫任务的,要对党政主要领导进行约谈。根据中央明确规定,国家对省级党委政府脱贫成效考核主要包括省级交叉考核、资金项目审计检查和第三方评估三项内容。至此,扶贫工作成效第三方评估考核形式开始进入贵州省。

为贯彻落实中央系列决策部署,按照习近平总书记"看真贫、扶真贫、真扶贫"的要求,贵州省委省政府提出实施大扶贫战略行动,实行党政一把手负总责的责任制,把脱贫攻坚作为"第一民生工程",以更加明确的目标、更加有力的举措、更加有效的行动,深入实施精准扶贫、精准脱贫。并先后制定出"1+6""1+10"等扶贫开发政策体系,出台《贵州市县两级党委和政府扶贫开发工作成效考核办法》,明确了省市两级考核内容。要求省、市、县、乡、村五级要进一步实行"倒计时"、制定"作战图",立下"军令状",层层压实责任,级级传导压力,大力营造脱贫攻坚良好态势。

2016年上半年，贵州省扶贫办通过集中调研并汇总各地工作反馈，发现当时的脱贫成效考核评估工作仍然存在一些突出问题：一是在贫困人口识别方面，部分地方政府为争取扶贫资源和后续脱贫绩效而"层层加码"，导致错评现象频发；部分地区贫困人口识别"两公示一公告"制度流于形式，公示张贴时间、地点不符合要求，宣传力度不足，导致部分农户对贫困户名单不知情；二是在因村因户帮扶方面，部分建档立卡贫困户只有帮扶责任人，没有帮扶具体措施，工作不平衡，作风不扎实；三是在脱贫退出方面，部分市县重减贫计划，轻脱贫管理，基层在贫困退出时，用年初的拟脱贫计划，代替年底的脱贫结果；四是没有严格按"两公示一公告"的退出程序进行贫困退出，存在虚假摘帽、数字脱贫等现象。

针对上述存在问题，贵州省扶贫办经报省政府同意，决定启动2016年度贵州省级第三方开展扶贫开发工作成效评估，该评估活动的目的就是旨在进一步杜绝"数字脱贫""被脱贫"的现象，并力图通过此次评估工作，推动全省精准扶贫工作进一步规范程序，立足整改，查缺补漏，完善档案资料，为迎接国家下一步对贵州省的扶贫开发工作成效考核做好充分准备。

## 二、主要目的及任务

评估的主要任务是：根据《贵州市县两级党委和政府扶贫开发工作成效考核办法》要求，按照"双百分"的考核模式进行，即根据国家考核指标设置100分、省级考核指标设置100分，共计200分。国家考核指标以中央对省级党委和政府考核的"减贫成效、精准识别、精准帮扶、扶贫资金管理"四大类7项指标为主，主要包括贫困人口识别准确率、贫困人口退出准确率和群众对帮扶工作满意度等内容。省级考核指标则围绕《中共贵州省委贵州省人民政府关于坚决打赢扶贫攻坚战确保同步全面建成小康社会的决定》（黔党发〔2015〕21号）及相关配套文件，以"五个一批""十项行动"和扶贫工作管理为主要内容。指标主要包括贫困户家庭收入增长情况、贫困乡（镇）贫困发生率下降情况、贫困村退出年度计划完成情况或贫困发生率下降情况、人均GDP、贫困村村级集体经济增长率（%）、群众对驻村工作队（组）、第一书记精准扶贫工作满意度、制定"十三五"脱贫攻坚规划和年度减贫计划，逐级分解，落实到乡到村到户到人、"五个一批""十项行动"落实情况等。

评估按照国家第三方评估基本程序展开，其总目标：一是认真学习好、贯彻好、执行好中央、省市相关文件精神尤其是《省级党委和政府扶贫开发工作成效考核办法》（厅字〔2016〕6号）、《贵州市县两级党委和政府扶贫开发工作成效考核办法》（黔委厅字〔2016〕26号）等文件精神；二是以期通过"以评促抓""以评促建""以评促改"等措施手段，最终达到以评促科学化、精准化扶贫之目的。

具体目的有：一是提高受评县（市）政府扶贫工作事前决策的科学性、事中的精准性、事后的效率效果性，全面把握政策落实情况。二是对基层干部、群众进行扶贫政策宣传并回应群众关切，提高扶贫工作的参与度和透明度。三是通过"点、线、块、面"的实地调研与数据分析，解析受评县（市）扶贫攻坚中存在的问题与困难，掌握政策落实尚存差距的原因或症结，便于贵州省扶贫办从宏观战略高度做好决策部署。四是为受评县（市）政府扶贫开发工作考核进行"预演"，以期查漏补缺、积累经验、做好整改，确保受评县（市）在国家第三方评估中取得优异成绩。

具体任务：一是"查"，即查建档立卡资料的规范性、完整性，以及进村入户对贫困户的相关情况进行全面调查。二是"看"，即看县（市）委、县（市）政府的精准扶贫思路，看扶贫干部的精气神，看贫困群众的信心及发展，以及看"点""线""面"上所呈现出的亮点或不足。三是"听"，即听群众对相关政策的评价反响、听群众对干部做事（扶贫）的反映、听群众真实的诉求等。四是"找"，即帮助县（市）委、县（市）政府找扶贫工作中的不畅、不力、不足。五是"评"，即根据《贵州市县两级党委和政府扶贫开发工作成效考核办法》要求，以"双百分"指标模式进行具体的考核测评。六是"改"，即帮助受评县（市）理清精准扶贫工作思路，提出全面整改建议，为迎接"国评"或"国检"打好基础。

## 三、评估标准

标准一：收入的定量标准、"两不愁、三保障"的定性标准、"两公示一公告"的程序标准

（1）家庭年人均纯收入稳定超过当年国家扶贫标准线（比照2010年为2300元不变价的贫困标准，2014年为2800元，2015年为2968元，2016年为3146元）；

（2）"两不愁，三保障"得到有效保障；

（3）贫困户退出符合"两公示一公告"程序。

标准二："六个不能退"原则

"六个不能退"原则是指存在以下情况时，不得对贫困户作脱贫处理。

（1）未实现"不愁吃、不愁穿"的，即未稳定实现不愁吃、不愁穿，基本温饱没有得到稳定保障的贫困户不能脱贫，未实现安全饮水的贫困户不能脱贫，纳入水利部门农村安全饮水提升计划尚未落实的不能脱贫。

（2）未保障义务教育的，即贫困户子女因贫造成辍学的不能脱贫，贫困户子女因为贫困不能完成"普九"教育或"普九"阶段外没有获得教育资助不能脱贫。

（3）未保障基本医疗的，即贫困户家庭成员没有参加新型农村合作医疗的不能脱贫，患病家庭成员报销比例低于国家和省有关政策规定的不能脱贫，贫困户家庭成员患国家和省政策规定的大病没有获取大病医疗资助或大病医疗保险的不能脱贫。

（4）未保障住房安全的，即贫困户无安全住房的不能脱贫，纳入危房改造计划的贫困户在没有完成危房改造或未落实易地扶贫搬迁的不能脱贫。

（5）因灾返贫的，即2017年因遭受水灾、火灾、地质灾害及暴风雪等自然灾害，导致返贫或致贫的不能作为脱贫，应按照精准识别程序纳入贫困户建档立卡系统。

（6）未落实帮扶措施的，即对2017年拟脱贫的贫困户未落实帮扶措施

（帮扶措施至少一次以上）❶，不能作为脱贫，坚决防止年初拟脱贫代替年底脱贫和被脱贫两种行为。

——关于 2014 年和 2015 年错退户的评估标准

评估 2014 年和 2015 年错退时，用第一条标准来衡量，但收入是看 2016 年的收入，因为评估只调查 2016 年的收入。简而言之，符合以下三种情形之一的脱贫户评估为错退。

（1）入户调查访谈后，调查员测算出的 2016 年家庭人均收入明显低于 3146 元的脱贫户评估为错退户。

（2）《贫困人口精准识别、退出情况调查表》中的"您家是否已能做到不愁吃？"和"您家是否已能做到不愁穿？"中有一项回答为"否"，并征得调查员认可的脱贫户评估为错退户。

（3）退出程序明显有悖于"两公示一公告"程序的脱贫户评估为错退户。

——关于 2016 年错退户的评估标准

评估 2016 年错退时，用上述第一条标准、第二条标准来衡量，第一条标准中的收入是看 2016 年的收入，因为评估只调查 2016 年的收入。简而言之，符合以下 9 种情形（"3+6"）之一的脱贫户评估为错退。

（1）入户调查访谈后，调查员测算出的 2016 年家庭人均收入明显低于 3146 元的脱贫户评估为错退户。

（2）《贫困人口精准识别、退出情况调查表》中的"您家是否已能做到不愁吃？"和"您家是否已能做到不愁穿？"中有一项回答为"否"，并征得调查员认可的脱贫户评估为错退户。

（3）退出程序明显有悖于"两公示一公告"程序的脱贫户评估为错退户。

（4）属于"六个不能退"情形之一的脱贫户评估为错退户。其中的帮扶措施是指针对脱贫户的个性帮扶❷，包括教育资助、医疗救助、特惠贷、就业培训、产业项目覆盖、解决到户的饮水、危房改造等。

❶ 说明：在评估中，有些帮扶措施如精品果园帮扶措施，可能要好几年才能有成效，评估组也将其视为一种帮扶措施。

❷ 注：通组路硬化、村卫生室建设等基础设施建设在贫困村出列时计算帮扶措施，在贫困户退出时不算帮扶措施。

## 四、评估依据

评估主要以《国务院扶贫办关于印发〈扶贫开发建档立卡工作方案〉的通知》(国开办发〔2014〕24号)、《中办、国办关于印发〈省级党委和政府扶贫开发工作成效考核办法〉》(厅字〔2016〕6号)、《贵州省扶贫开发建档立卡工作实施方案》(黔扶领办通〔2014〕4号)、《中共贵州省委贵州省人民政府关于坚决打赢扶贫攻坚战确保同步全面建成小康社会的决定》(黔党发〔2015〕21号)、《贵州省脱贫攻坚工作督查实施办法》(黔委厅字〔2016〕23号)、《贵州市县两级党委和政府扶贫开发工作成效考核办法》(黔委厅字〔2016〕26号)、《贵州省扶贫对象精准识别和脱贫退出程序管理暂行办法》(黔委厅字〔2016〕35号)、《贵州省脱贫攻坚问责暂行办法》(黔委厅字〔2016〕36号)等为依据。

## 五、评估内容与指标

评估的主要内容为10大类、25项指标。具体包括：贫困人口识别准确率、贫困人口退出准确率、因村因户帮扶工作群众满意度、群众对驻村工作队(组)、第一书记精准扶贫工作满意度、农村最低生活保障情况、2016年计划脱贫户可退情况、抽样户信息准确性、程序或结果知晓率、贫困户确认程序满意率，以及扶贫政策设计实施效率效果等10大类(具体内容和评估指标详见表5-1)。

表5-1 贵州扶贫开发工作成效省级第三方评估的主要内容、指标

| 序号 | 评估项 | 评估指标 | 具体说明 | 计算公式 |
|---|---|---|---|---|
| 1 | 贫困人口识别准确率 | （1）贫困户错评率（国家） | 错评，指按照识别标准样本不应被纳入精准扶贫建档立卡对象却被纳入的户。错评样本中不符合建档立卡识别条件的户，指抽样贫困户中不符合建档立卡识别条件的户。错评户须调查员入户核实，专家和技术人员与村两委沟通确认。 | $$错评率 = \frac{错评贫困户数}{样本总量} \times 100\%$$ |
|   |   | （2）贫困户漏评率（国家） | 漏评，指按照识别标准样本应被纳入建档立卡但未被纳入的人。漏评户，指符合建档立卡条件但未纳入贫困户的。漏评户须调查员入户核实，专家和技术人员与村两委沟通确认。 | $$漏评率 = \frac{漏评贫困户数}{样本总量} \times 100\%$$ 说明：由于本次抽样调查的对象均为建档立卡贫困户，并没有涉及非贫困户入户调查，因此本次调查准确得出6个县（市）精准扶贫贫困户识别过程中漏评出的贫困户，进而无法得出漏评率。 |
|   |   | （3）贫困人口识别准确率 | 贫困人口识别准确，指抽样贫困户中真正符合建档立卡识别条件的户，即不存在错评、漏评的情况。 | 贫困人口识别准确率=100%-错评率-漏评率 |
|   |   | （4）贫困户登记信息准确率 | 内容包括抽样贫困户在系统中的基本信息登记无偏差，"两公示一公告"程序中有记录，结对帮扶干部熟悉登帮扶贫困户情况。 | $$贫困户登记信息准确率 = \frac{登记准确贫困户数}{2016年计划脱贫贫困户数 + 贫困人口家庭数} \times 100\%$$ |

续表

| 序号 | 评估项 | 评估指标 | 具体说明 | 计算公式 |
|---|---|---|---|---|
| 2 | 贫困人口退出准确率 | （5）脱贫户错退率（国家） | 错退是指按照退出标准本不应退出精准扶贫系统的贫困户却被退出。错退户，指没有稳定超过国家扶贫标准或吃穿发愁，义务教育、基本医疗、住房安全没保障的户。 | 错退率=$\dfrac{错退贫困户数}{2014—2015年脱贫贫困户抽样总数}\times 100\%$ |
| | | （6）脱贫户漏退率（国家） | 漏退是指按照退出标准本应退出精准扶贫系统的贫困户却未被退出。漏退户，指已经稳定超过国家扶贫标准且吃穿不愁，义务教育、基本医疗、住房安全有保障，但未在建档立卡系统中标注的户。 | 漏退率=$\dfrac{漏退贫困户数}{样本总量}\times 100\%$ |
| | | （7）贫困人口退出准确率 | 贫困人口退出准确，即抽样脱贫户中真正符合退出条件的户，指抽样脱贫户中不存在错退、漏退的情况。 | 贫困人口退出准确率=$100\%-$错退率$-$漏退率 |
| | | （8）脱贫户登记信息准确率 | 内容包括抽样脱贫户在系统中的基本信息登记无偏差、在脱贫程序中有记录、结对帮扶干部熟悉脱贫户情况。 | 脱贫户登记信息准确率=$\dfrac{登记准确脱贫户数}{2014—2015年脱贫抽样总数}\times 100\%$ |
| 3 | 因村因户帮扶工作群众满意度 | （9）群众满意度（国家） | 对驻村工作队满意度<br>对帮扶责任人满意度<br>对现有帮扶方式满意度<br>对帮扶工作效果满意度 | 满意度=$\dfrac{满意贫困户数}{样本总量}\times 100\%$<br>（说明：本处计算满意度时，包括了受访户选择"满意""非常满意"两种情况。） |

· 43 ·

续表

| 序号 | 评估项 | 评估指标 | 具体说明 | 计算公式 |
|---|---|---|---|---|
| 4 | 驻村工作队（组）、第一书记精准扶贫工作情况 | (10) 驻村工作队（组）、第一书记精准扶贫工作情况 | 驻村工作队（组）对贫困户走访率 驻村工作队驻村以来落实帮扶项目知晓率 | 驻村工作队对贫困户走访率 = $\dfrac{\text{走访贫困户数}}{\text{样本总量}} \times 100\%$ 驻村工作队驻村以来落实帮扶项目知晓率 = $\dfrac{\text{项目知晓贫困户数}}{\text{样本总量}} \times 100\%$ |
| 5 | 农村最低生活保障 | (11) 农村最低生活保障应保尽保比（%） | 县扶贫办提供数据 | 县扶贫办提供数据 |
| 6 | 2016年计划脱贫户可退情况 | (12) 可退率 | 可退是指计划年度达到当年退出标准可以退出精准扶贫系统的情况。本次评估为针对2016年计划脱贫的样本。 | 可退率 = $\dfrac{2016\text{年达到退出标准贫困户数}}{2016\text{年计划脱贫户总量}} \times 100\%$ |
| 7 | 抽样户信息一致性 | (13) 抽样户信息一致率 | 信息一致率指抽样户中调查信息与建档立卡登记信息一致的农户数占比。 | 信息一致率 = $\dfrac{\text{样本中调查信息与建档立卡信息一致农户数}}{\text{抽样户总数}} \times 100\%$ |
| 8 | 程序或结果知晓率 | (14) 履行精准识别程序和履行精准退出程序知晓率 | 精准识别程序和精准退出程序是指知道（了解）精准识别程序和精准退出程序的比重。 | 知晓率 = $\dfrac{\text{知晓的贫困户数}}{\text{样本总量}} \times 100\%$ |
|  |  | (15) 精准识别结果知晓率 | 精准识别结果知晓率是指知道（了解）识别结果的贫困户占总贫困户数的比重。 | 知晓率 = $\dfrac{\text{知晓的贫困户数}}{\text{样本总量}} \times 100\%$ |
|  |  | (16) 精准退出结果知晓率 | 精准退出结果知晓率是指知道（了解）退出结果的贫困户占总贫困户数的比重。 | 知晓率 = $\dfrac{\text{知晓的贫困户数}}{\text{样本总量}} \times 100\%$ |

续表

| 序号 | 评估项 | 评估指标 | 具体说明 | 计算公式 |
|---|---|---|---|---|
| 9 | 脱贫户确认程序满意率 | （17）脱贫户退出确认程序满意率 | 脱贫户退出确认程序满意率是指满意的脱贫户数占脱贫户样本总量的比重。 | 脱贫户退出确认程序满意率 = $\dfrac{\text{满意的脱贫户数}}{\text{脱贫户样本总量}} \times 100\%$ |
| 10 | 扶贫政策设计实施效率效果 | （18）贫困户人均纯收入达标率 | 贫困户人均可支配收入达标率是指人均可支配收入达到3146元（2016年退出标准收入基准线）贫困户数占总贫困户数的比重。 | 人均可支配收入达标率 = $\dfrac{\text{2016年收入退出标准贫困户户量}}{\text{贫困户样本总量}} \times 100\%$ |
|  |  | （19）贫困户饮水安全达标率 | 贫困户饮水达标率是指饮水安全的贫困户数占总贫困户数的比重。 | 饮水安全达标率 = $\dfrac{\text{饮水安全贫困户户量}}{\text{样本总量}} \times 100\%$ |
|  |  | （20）贫困人口医保参保率（达标率） | 贫困人口医保参保率（达标率）是指贫困人口参加医疗保险人数占贫困总人口的比重。 | 贫困户医保参保率（达标率） = $\dfrac{\text{医保参保贫困人口量}}{\text{样本总贫困人口量}} \times 100\%$ |
|  |  | （21）贫困户教育达标率 | 贫困户教育达标率是指贫困户中未因贫困辍学的贫困户数占总贫困户的比重。 | 贫困户教育达标率 = $1 - \dfrac{\text{因贫而辍学贫困户}}{\text{样本总贫困户}} \times 100\%$ |
|  |  | （22）贫困户住房达标率 | 贫困户住房达标率是指住房安全有保障的贫困户数占总贫困户的比重。 | 住房安全达标率 = $\dfrac{\text{住房安全有保障的贫困户户量}}{\text{样本总贫困户量}} \times 100\%$ |

资料来源：根据《贵州省扶贫开发工作成效第三方评估入户调查指标体系与说明》的相关内容制作而成。

## 六、评估范围程序

总体评估范围包括 2016 年按照国家贫困退出计划拟退出的 6 个县（区），以及各市州推荐上报的 12 个县（区）。

### （一）总体程序

从"内业""外业"两条线同时兼顾，同步展开，力求最大限度兼顾国家考核指标和省级考核指标得到落实。

内业：启动会后，各评估县要组织相关部门对 2016 年考核指标中客观因素指标数据开展预测算。其中：任务类指标以当前完成情况为基准；年度指标与去年同期比较作为基准；县直部门提供数据要加盖公章。

外业：①各评估组与省扶贫办分别确定各县抽样村名单。②评估组到县后与评估县召开见面会，逐一公布抽样村名单。③评估县为评估工作提供必要的工作条件，一是要明确工作协调人，全程负责协调；二是为评估组提供一定数量的向导，向导不能干预入户调查工作。④评估组进村入户。评估组到村后，在建档立卡系统中分别对脱贫户、计划脱贫户采取等距抽样，入户过程中如出现贫困户不在家或无法正常沟通，可就近选择贫困户代替，评估组可以走访一定数量的非贫困户。⑤县、乡、村需向评估组提供贫困村、贫困户识别、帮扶、走访、退出档案以供佐证。

反馈会：依据本次评估的工作目的，评估组完成被评估县入户调查后，可以向被评估县反馈初步评估结果，帮助被评估县开展查遗补漏工作。

### （二）具体程序

第一步，召开见面会。一般于评估前一天与受评县（市）政府领导、相关职能部门和各乡镇负责人召开评前见面会，由评估组长介绍本次评估的目的、内容和要求，并现场宣布具体受评镇、村名单。

第二步，开展评估调查。整个评估调查采取内业、外业双线作业形式同步进行，并注重过程管理即内业、外业调查相互配合，随时交互信息，如若发现貌似不精准等"可疑点"或"可疑问题"时，则采取必要的核实措施，做到"里应外合"再确认、细评估。

第三步，召开反馈会。召集相关部门负责人召开评估反馈会，就评估中所发现重点难点、特点特殊、亮点缺点等情况进行口头初步反馈，便于第一时间进行整改。

第四步，统计调查数据并撰写并提交评估报告。

## 七、组织实施过程

评估工作以分包形式由贵州省社科院、贵州大学、贵州师范大学、贵州财经大学等几家单位同步分头进行，时间总跨度为一个月左右。

### （一）评估方法

以贵州省社会科学院承担的评估任务为例❶，在方法上主要采用了入户问卷调查、电话抽查、随机暗访、半结构式访谈、材料搜集、档案资料查阅、数据量化分析、打分法等方法。

### （二）路线与调查执行

以贵州省社会科学院承担的评估任务为例，评估工作总体对所评估6个县（市）的实地评估历时16天。大致行程为：D县→F县→M县→T县→X县→C市（基本上是每个县各2~3天）。

评估调查的大体安排：每个县（市）查阅建档立卡材料及其他内业材料（3人）、随机暗访（5人）、入户问卷调查（15人），工作中原则上要求当地对入户调查员仅安排向导一人，随机暗访过程拒绝任何形式陪同。本次评估严格围绕内业和外业两项工作展开，除文字记录外，评估组还对关键"人""物"或资料等作了必要拍照记录。

### （三）数据审核与录入

以贵州省社会科学院承担的评估任务为例，每天面上的调查结束后，评估组长都要召集全体成员召开每日睡前例会，着重就当天的"新发现""新问题""疑难点"及判断尺度等进行交流讨论，并当场对问卷进行交叉审核，此项工作每每都要进行到深夜一两点。每个受评县（市）调查结束时，评估组成

---

❶ 主要参与人员包括：李华红、韩缙、管毓和、王红霞、邓小海。

员一方面要撰写调查笔记，另一方面还要通过EXCEL电子表格交叉录入数据，确保数据录入的及时性、准确性。

## 八、评估样本农户总体特征

由于此次评估工作是在贵州省扶贫办协助配合下完成，在样本选取，以及相关评估尺度等方面均由贵州省扶贫办统一安排，以下仅以贵州省社科院在D县、F县、M县、T县、X县、C市所承担的区域为例。

### （一）样本选取

此次第三方评估对6个县（市）入户调查的计划样本量为750份。具体到每个县（市），其入户样本的选取由评估组根据所选乡镇（村）建档立卡贫困户数量随机抽取。具体步骤如下：

第一步，计算所抽取村（一般每个县（市）抽取3个或4个村）建档立卡贫困户总数（$n$），按照各村建档立卡贫困户数量分配调查户数。计算公式为：

$$某村拟调查样本数 = \frac{某县拟调查样本总量（N）}{全部受评村建档立卡贫困户总数（n）} \times 某村建档立卡贫困户数$$

第二步，确定建档立卡贫困户各层次调查样本，即已脱贫贫困户样本、2016年计划脱贫贫困户样本和贫困人口家庭（计划2017—2019年脱贫）样本，原则上兼顾全部。

第三步，综合考虑其他相关因素如农户外出、对贫困户调查实际难度等，对拟随机抽取的贫困户进行微调。

### （二）样本特征分析

以贵州省社科院所承担评估任务为例，此次第三方评估拟计划入户调查750户，实际入户调查农户样本总量为768户（具体名单见附件3）。其中：已经脱贫的贫困户（2014年和2015年脱贫贫困户）199户、占比25.91%，2016年计划脱贫的贫困户397户、占比51.69%，贫困人口家庭（计划2017—2019年脱贫贫困户）172户、占比22.40%。随机暗访114人。电话抽查216人。

所评6个县（市）所抽样调查的768户受访贫困户中，其家庭人口总计达3175人。相关的人口学特征如下（见表5-2）。

表5-2 六县市受访贫困户家庭的人口学变量特征

| 变量名称 | 详细内容 | 人数（人） | 所占比例（%） | 变量名称 | 详细内容 | 人数（人） | 所占比例（%） |
|---|---|---|---|---|---|---|---|
| 访问类型 | 户主 | 469 | 61.1 | 健康状况 | 健康 | 2406 | 75.8 |
| | 非户主 | 299 | 38.9 | | 大病 | 78 | 2.5 |
| 户主年龄 | ≤30岁 | 16 | 2.1 | | 长期慢性病 | 527 | 16.6 |
| | 30~45岁（含） | 231 | 30.1 | | 残疾 | 164 | 5.2 |
| | 45~60岁（含） | 295 | 38.4 | 民族 | 汉族 | 2481 | 78.1 |
| | >60岁 | 226 | 29.4 | | 苗族 | 54 | 1.7 |
| 劳动力情况 | 技能劳动力 | 27 | 0.9 | | 白族 | 2 | 0.1 |
| | 普通劳动力 | 1897 | 59.7 | | 土家族 | 636 | 20.0 |
| | 无劳动能力 | 1014 | 31.9 | | 仫佬族 | 2 | 0.1 |
| | 丧失劳动力 | 237 | 7.5 | | | | |
| 文化程度 | 学龄前儿童、文盲或半文盲 | 611 | 19.2 | 在校情况 | 普九阶段年级 | 467 | 14.7 |
| | 小学 | 1229 | 38.7 | | 非在校生 | 2425 | 76.4 |
| | 初中 | 953 | 30.0 | | 高中 | 104 | 3.3 |
| | 高中或中专 | 233 | 7.3 | | 中职 | 38 | 1.2 |
| | 大专及以上 | 149 | 4.7 | | 高职 | 22 | 0.7 |
| 性别 | 男 | 1709 | 53.8 | | 大专 | 52 | 1.6 |
| | 女 | 1466 | 46.2 | | 本科以上 | 67 | 2.1 |

数据来源：评估组入户调查所得。

——从访问类型上看，直接对户主本人访问的有469户，占受访户总数的61.1%；不是对户主本人访问的有299户，占比38.9%。

——从户主的年龄来看，小于等于30岁的户主仅有16人，占户主总人数的2.1%；30~45岁（含）的户主有231人，占比30.1%；45~60岁（含）的户主有295人，占比38.4%；户主年龄超过60岁的有226人，占比29.4%。

——从性别上看，所有受访户家庭总人口中男性有1709人，占比53.8%；女性1466人，占比46.2%。

——从民族构成上看，所有受访户家庭总人口中汉族有2481人，占比78.1%；苗族54人、占比1.7%；土家族636人、占比20.0%；白族、仫佬族各2人、占比均为0.1%。

——从劳动力情况来看，调查样本所涉及的3175人中，普通劳动力人口有1897人，占到总人口的59.7%；技能劳动力27人，占到总人口的0.9%；无劳动能力人口1014人，占比31.9%；丧失劳动力的有237人，占比7.5%。

——从身体健康状况来看，调查样本所涉及的3175人中身体健康的有2406人，占比75.8%；患长期慢性病的有527人，占比16.6%；患大病的有78人，占比2.5%；身体有残疾的有164人，占比5.2%。

——从文化程度上看，调查样本所涉及的3175人中文化程度为学龄前儿童、文盲或半文盲的有611人、占比19.2%；小学的有1229人、占比38.7%；初中的有953人、占比30.0%；高中或中职的有233人、占比7.3%；大专及以上的仅有149人，占比4.7%。

## 九、受评估县精准扶贫工作基本情况及评估结果

由于各被评估县基础条件不一，且数据集中统计有困难，本研究仅以贵州省社科院所承担部分，即以所评估6个县市数据为例，以供读者参考。

**（一）受评县（市）贫困状况**

（1）从精准扶贫脱贫计划看。2016年X县、F县、D县、M县、T县和C市分别拟脱贫41500人、16874人、16500人、16296人、21200人和11900人（见表5-3）。到2018年，还有脱贫任务的县（市）只有D县、X县、C市，分别拟脱贫24220人、18139人、2000人。到2019年，仅有D县还有脱贫任务，即拟脱贫567户、2214人。

表 5-3　各受评县市精准扶贫脱贫计划

| 县名 | 2014年 户 | 2014年 人 | 2015年 户 | 2015年 人 | 2016年 户 | 2016年 人 | 2017年 户 | 2017年 人 | 2018年 户 | 2018年 人 |
|---|---|---|---|---|---|---|---|---|---|---|
| X县 | 7345 | 30505 | 6869 | 29506 | 9677 | 41500 | 5789 | 30261 | 9694 | 18139 |
| F县 | 1750 | 6700 | 1760 | 6900 | 4497 | 16874 | — | — | — | — |
| D县 | 7210 | 27400 | 6053 | 23000 | 4366 | 16500 | 6233 | 24312 | 6210 | 24220 |
| M县 | 1932 | 7000 | 2244 | 8900 | 4584 | 16296 | 5016 | 11404 | — | — |
| T县 | 3422 | 12800 | 3171 | 12900 | — | 21200 | — | 7556 | — | — |
| C市 | 1114 | 4200 | 1608 | 5900 | — | 11900 | — | 4000 | — | 2000 |

数据来源：各县（市）扶贫办提供数据。

（2）从贫困农户与人口分类情况看。"一般贫困户"最多的是X县，有12322户、53280人，而最少的是F县，有3787户、14562人。"低保贫困户"最多的是D县，有11095户、37354人，而最少的是F县，有709户、2312人（见表5-4）。

表 5-4　受评县市2016年贫困农户与人口分类情况一览表

| 县名 | 五保户 户 | 五保户 人 | 低保户 户 | 低保户 人 | 低保贫困户 户 | 低保贫困户 人 | 一般贫困户 户 | 一般贫困户 人 |
|---|---|---|---|---|---|---|---|---|
| X县 | 2469 | 2763 | 7225 | 15376 | 4598 | 18581 | 12322 | 53280 |
| F县 | 408 | 457 | 4879 | 10030 | 709 | 2312 | 3787 | 14562 |
| D县 | 724 | 939 | 3452 | 8123 | 11095 | 37354 | 7133 | 29884 |
| M县 | 593 | 694 | 1928 | 4436 | 2219 | 6189 | 4860 | 16381 |
| T县 | 1677 | 1780 | 3603 | 7625 | 2768 | 10684 | 4473 | 17172 |
| C市 | 757 | 796 | 3370 | 7826 | 1173 | 4060 | 4069 | 15318 |

数据来源：各县（市）扶贫办提供数据。

（3）从"五个一批"行动情况来看。D县拟安排产业脱贫13057户、49619人，属最大规模县，而最小规模的则是F县，拟安排产业脱贫1200户、5300人。拟异地扶贫搬迁规模最大的仍是D县、有22710人，规模最小的是M县、有4667人（见表5-5）。

表5-5　受评县市精准扶贫"五个一批"脱贫计划

| 县名 | 产业脱贫 户 | 产业脱贫 人 | 异地扶贫搬迁 户 | 异地扶贫搬迁 人 | 教育脱贫 户 | 教育脱贫 人 | 生态补偿 户 | 生态补偿 人 | 社会保障兜底 户 | 社会保障兜底 人 |
|---|---|---|---|---|---|---|---|---|---|---|
| X县 | 7523 | 35565 | 4587 | 19985 | 2465 | 7953 | 2345 | 8358 | 9694 | 18139 |
| F县 | 1200 | 5300 | 1800 | 7500 | 800 | 2100 | 200 | 600 | 8800 | 13700 |
| D县 | 13057 | 49619 | 5808 | 22710 | 5473 | 24564 | 5672 | 21554 | 4176 | 9062 |
| M县 | 4117 | 11182 | 1189 | 4667 | 1523 | 5901 | 250 | 900 | 2521 | 5130 |
| T县 | 6153 | 17624 | 3360 | 13231 | 1165 | 5086 | 423 | 1767 | 7745 | 16077 |
| C市 | 5242 | 19378 | 3641 | 14398 | 981 | 3071 | 662 | 2079 | 4129 | 8622 |

数据来源：各县（市）扶贫办提供数据。

（4）从贫困农户致贫原因看。受评县市贫困人口致贫的原因主要是因病、因残、因学、因灾、缺技术、缺资金、缺劳力、自身能力不足等几种类型，每一种原因致贫人数如表5-6所示。

表5-6　受评县市贫困农户致贫原因

| 县名 | 因病 户 | 因病 人 | 因残 户 | 因残 人 | 因学 户 | 因学 人 | 因灾 户 | 因灾 人 | 缺技术 户 | 缺技术 人 | 缺资金 户 | 缺资金 人 | 缺劳力 户 | 缺劳力 人 | 自身不足 户 | 自身不足 人 | 其他原因 户 | 其他原因 人 |
|---|---|---|---|---|---|---|---|---|---|---|---|---|---|---|---|---|---|---|
| X县 | 562 | 18923 | 2022 | 6633 | 2465 | 7953 | 872 | 3477 | 2213 | 9374 | 3450 | 14722 | 3523 | 7159 | 1049 | 2817 | — | — |
| F县 | 4214 | 10192 | 1047 | 2463 | 1391 | 5436 | 90 | 297 | 586 | 2105 | 777 | 2849 | 1344 | 2865 | 196 | 657 | — | — |
| D县 | 6750 | 22056 | 2550 | 7324 | 5473 | 24564 | 92 | 276 | 1966 | 6895 | 2032 | 6742 | 3344 | 6685 | 487 | 1758 | — | — |
| M县 | 3079 | 7981 | 1075 | 2685 | 1523 | 5901 | 44 | 137 | 1070 | 3677 | 521 | 1559 | 835 | 1725 | 270 | 770 | 1183 | 3265 |
| T县 | 3917 | 11610 | 1933 | 5454 | 955 | 3913 | 56 | 225 | 930 | 3617 | 1108 | 4615 | 2460 | 4489 | 866 | 2246 | — | — |
| C市 | 2955 | 7887 | 633 | 1781 | 372 | 1475 | 53 | 180 | 1402 | 4988 | 1092 | 3912 | 1512 | 3276 | 523 | 1573 | — | — |

数据来源：各县（市）扶贫办提供数据。

## （二）评估的总体结果

经过评估组对调查的六个县市的系统、客观、公正地评估，其总体结果如下（见表5-7）。

# 第五章 贵州省扶贫工作成效省级第三方评估工作回顾

表5-7 评估指标结果

| 序号 | 评估项 | 评估指标 | D县 调查样本总量152户,其中:贫困家庭85户 2014—2015年脱贫15户 2016年计划脱贫52户 评估结果 户数(户) | D县 比率(%) | F县 调查样本122户,其中:贫困家庭0户 2014—2015年脱贫16户 2016年计划脱贫106户 评估结果 户数(户) | F县 比率(%) | M县 调查样本122户,其中:贫困家庭24户 2014—2015年脱贫45户 2016年计划脱贫53户 评估结果 户数(户) | M县 比率(%) | T县 调查样本126户,其中:贫困家庭30户 2014—2015年脱贫29户 2016年计划脱贫67户 评估结果 户数(户) | T县 比率(%) | X县 调查样本126户,其中:贫困家庭31户 2014—2015年脱贫27户 2016年计划脱贫68户 评估结果 户数(户) | X县 比率(%) | C市 调查样本120户,其中:贫困家庭2户 2014—2015年脱贫51户 2016年计划脱贫67户 评估结果 户数(户) | C市 比率(%) |
|---|---|---|---|---|---|---|---|---|---|---|---|---|---|---|
| 1 | 贫困人口识别准确率 | (1) 贫困户错评率(国家) | 1 | 0.66 | 1 | 0.82 | 0 | 0 | 3 | 2.38 | 6 | 4.76 | 1 | 0.83 |
|  |  | (2) 贫困户漏评率(国家) | — | — | — | — | — | — | — | — | — | — | — | — |
|  |  | (3) 贫困人口识别准确率 | 151 | 99.34 | 121 | 99.18 | 122 | 100 | 123 | 97.62 | 120 | 95.24 | 119 | 99.17 |
|  |  | (4) 贫困户登记信息准确率 | 111(26) | 81.02 | 89(17) | 83.96 | 63(14) | 81.81 | 85(12) | 87.63 | 85(14) | 85.86 | 46(7) | 86.79 |
| 2 | 贫困人口退出准确率 | (5) 脱贫户错退率(国家) | 0 | 0 | 0 | 0 | 1 | 2.22 | 3 | 10.34 | 3 | 11.11 | 5 | 7.5 |
|  |  | (6) 脱贫户漏退率(国家) | 34 | 22.37 | 1 | 0.94 | 1 | 0.82 | 16 | 12.70 | 17 | 13.49 | 1 | 0.83 |
|  |  | (7) 贫困人口退出准确率 | 118 | 77.63 | 121 | 90.06 | 120 | 96.96 | 107 | 76.96 | 106 | 75.40 | 114 | 91.67 |
|  |  | (8) 脱贫户登记信息准确率 | 13(2) | 86.67 | 9(7) | 56.25 | 37(8) | 82.22 | 21(8) | 72.41 | 17(10) | 62.96 | 55(12) | 82.09 |

续表

| 序号 | 评估项 | 评估指标 | D县 调查样本总量152户。其中：2014—2015年脱贫15户 2016年计划脱贫52户 贫困户家庭85户 | | F县 调查样本总量122户。其中：2014—2015年脱贫16户 2016年计划脱贫106户 贫困户家庭0户 | | M县 调查样本总量122户。其中：2014—2015年脱贫45户 2016年计划脱贫53户 贫困户家庭24户 | | T县 调查样本总量126户。其中：2014—2015年脱贫29户 2016年计划脱贫67户 贫困户家庭30户 | | X县 调查样本总量126户。其中：2014—2015年脱贫227户 2016年计划脱贫68户 贫困户家庭31户 | | C市 调查样本总量120户。其中：2014—2015年脱贫67户 2016年计划脱贫51户 贫困户家庭2户 | |
|---|---|---|---|---|---|---|---|---|---|---|---|---|---|---|
| | | | 评估结果 | | 评估结果 | | 评估结果 | | 评估结果 | | 评估结果 | | 评估结果 | |
| | | | 户数(户) | 比率(%) | 户数(户) | 比率(%) | 户数(户) | 比率(%) | 户数(户) | 比率(%) | 户数(户) | 比率(%) | 户数(户) | 比率(%) |
| 3 | 因村因户帮扶工作群众满意度 | (9) 对驻村工作队满意度 | 141 | 92.76 | 121 | 99.18 | 120 | 98.36 | 122 | 96.83 | 113 | 89.68 | 112 | 93.33 |
| | | (10) 对帮扶责任人满意度 | 142 | 93.42 | 120 | 98.36 | 117 | 95.9 | 122 | 96.83 | 109 | 86.51 | 118 | 98.33 |
| | | (11) 对帮扶方式满意度 | 146 | 96.05 | 121 | 99.18 | 120 | 98.36 | 124 | 98.41 | 114 | 90.48 | 117 | 97.50 |
| | | (12) 对帮扶工作效果满意度 | 143 | 94.08 | 121 | 99.18 | 118 | 96.72 | 125 | 99.21 | 112 | 88.89 | 117 | 97.50 |
| 4 | 驻村工作队(组)、第一书记精准扶贫工作情况 | (13) 驻村工作队对贫困户走访率 | 147 | 96.71 | 122 | 100 | 118 | 96.36 | 122 | 96.83 | 118 | 93.65 | 115 | 95.85 |
| | | (14) 驻村以来落实帮扶项目知晓率 | 137 | 90.13 | 119 | 97.54 | 119 | 97.54 | 121 | 96.03 | 118 | 93.65 | 116 | 96.67 |
| 5 | 农村最低生活保障 | *农村最低生活保障应保尽保比例 | — | 100 | — | 100 | — | 100 | — | 100 | — | 100 | — | 100 |
| 6 | 2016年计划脱贫户可退 | (15) 可退率 | 34 (18) | 65.38 | 74 (32) | 69.81 | 43 (10) | 81.13 | 54 (13) | 80.60 | 57 (11) | 83.82 | 23 (28) | 45.1 |

续表

| 序号 | 评估项 | 评估指标 | D县 调查样本总量152户。其中：贫困户家庭85户 2014—2015年脱贫15户 2016年计划脱贫52户 | | F县 调查样本总量122户。其中：贫困户家庭0户 2014—2015年脱贫16户 2016年计划脱贫106户 | | M县 调查样本总量122户。其中：贫困户家庭24户 2014—2015年脱贫45户 2016年计划脱贫53户 | | T县 调查样本总量126户。其中：贫困户家庭30户 2014—2015年脱贫29户 2016年计划脱贫67户 | | X县 调查样本总量126户。其中：贫困户家庭31户 2014—2015年脱贫27户 2016年计划脱贫68户 | | C市 调查样本总量120户。其中：贫困户家庭2户 2014—2015年脱贫67户 2016年计划脱贫51户 | |
|---|---|---|---|---|---|---|---|---|---|---|---|---|---|---|
| | | | 评估结果 | | 评估结果 | | 评估结果 | | 评估结果 | | 评估结果 | | 评估结果 | |
| | | | 户数（户） | 比率（%） | 户数（户） | 比率（%） | 户数（户） | 比率（%） | 户数（户） | 比率（%） | 户数（户） | 比率（%） | 户数（户） | 比率（%） |
| 7 | 抽样户信息准确性 | （16）抽样户信息一致率 | 124(28) | 81.58 | 98(24) | 80.33 | 100(22) | 81.96 | 106(20) | 84.13 | 102(24) | 80.95 | 101(19) | 84.17 |
| 8 | 程序或结果知晓率 | （17）履行精准识别程序知晓率和精准退出程序知晓率 | 146 | 96.1 | 121 | 99.18 | 121 | 99.18 | 124 | 98.41 | 124 | 98.41 | 116 | 96.67 |
| | | （18）精准识别结果知晓率 | 142 | 93.4 | 118 | 96.72 | 119 | 97.54 | 123 | 97.62 | 110 | 87.30 | 107 | 89.17 |
| | | （19）精准退出结果知晓率 | 128 | 84.2 | 110 | 90.16 | 117 | 95.91 | 111 | 88.10 | 92 | 73.02 | 103 | 85.83 |
| 9 | 脱贫户确认程序满意率 | （20）脱贫户退出确认程序满意率 | 13 | 88.67 | 16 | 100 | 44 | 97.78 | 27 | 93.10 | 26 | 96.30 | 61 | 91.04 |

续表

| 序号 | 评估项 | 评估指标 | D县 调查样本总量152户。其中：2014—2015年脱贫15户 2016年计划脱贫52户 贫困户家庭85户 评估结果 户数(户) | D县 比率(%) | F县 调查样本总量122户。其中：2014—2015年脱贫16户 2016年计划脱贫106户 贫困户家庭0户 评估结果 户数(户) | F县 比率(%) | M县 调查样本总量122户。其中：2014—2015年脱贫45户 2016年计划脱贫53户 贫困户家庭24户 评估结果 户数(户) | M县 比率(%) | T县 调查样本总量126户。其中：2014—2015年脱贫29户 2016年计划脱贫67户 贫困户家庭30户 评估结果 户数(户) | T县 比率(%) | X县 调查样本总量126户。其中：2014—2015年脱贫27户 2016年计划脱贫68户 贫困户家庭31户 评估结果 户数(户) | X县 比率(%) | C市 调查样本总量120户。其中：2014—2015年脱贫67户 2016年计划脱贫51户 贫困户家庭2户 评估结果 户数(户) | C市 比率(%) |
|---|---|---|---|---|---|---|---|---|---|---|---|---|---|---|
| 10 | 扶贫政策设计实施效率效果 | (21)贫困户人均可支配收入达标率 | 96 | 63.16 | 103 | 84.43 | 96 | 78.7 | 96 | 76.19 | 100 | 79.37 | 107 | 89.17 |
|  |  | (22)贫困户饮水达标率 | 151 | 99.3 | 119 | 97.54 | 122 | 100 | 125 | 99.21 | 116 | 92.10 | 112 | 93.3 |
|  |  | (23)贫困户人口医保参保率 | 639 | 99.4 | 491 | 100 | 423 | 100 | 465 | 98.94 | 575 | 98.30 | 459 | 98.9 |
|  |  | (24)贫困户教育达标率 | 152 | 100 | 122 | 100 | 122 | 100 | 126 | 100 | 126 | 100 | 120 | 100 |
|  |  | (25)贫困户住房达标率 | 132 | 86.8 | 111 | 90.98 | 113 | 92.6 | 101 | 80.16 | 117 | 85.70 | 86 | 71.7 |

资料来源：

①指标(4)、(8)、(16)中括号内的数据是指相关信息"不准确户数"。

②指标(15)中括号内的数据是指扶贫办提供"不可退贫户数"。

③带"*"指标为6个县(市)扶贫办提供，其他指标值均由评估组根据调查结果统计得出。

## 十、评估中发现的共性问题

### （一）存在"五不"问题

一是"不相同"，即地方领导对扶贫工作重视程度不一。有些工业县、旅游县或者说工业经济发展比较好、旅游经济相对发达县区，对农业以及扶贫工作重视的程度还是要差一些。部分县甚至依然沉浸在 GDP 崇拜中；二是"不同步"，即线上与线下的信息更新不及时、更新不同步的问题；三是"不对称"，即存在信息不对称、信息失真问题。如身份证、户口簿、贫困登记卡户主信息不是同一个人；帮扶人与被帮扶人彼此陌生、互不了解等。尤其是有家庭出现婚丧嫁娶等情况时，由于相关信息更新滞后，这种信息失真的现象更为突出；四是"不充分"，即相关宣传、交流不充分。因为宣传可以提高老百姓对政策、对公示信息、对第一书记和驻村工作队的知晓率等，以免国家评估时"误答"。相互交流本可以使每个乡镇更好地"扬长避短"，避免政出多门、低质管理等情况发生；五是"不参与"，即扶贫开发中相当一部分农民未能真正参与其中，自我发展能力和主观能动性未能同步提高。

### （二）存在"五缺"问题

一是缺系统思路、工作缺章法。精准扶贫本身是一项系统性工程，而绝不是某一方面的修修补补或临时性突击而可"取胜"的事物，这就需要我们树立或形成系统性思维或模式。而在评估中，我们发现地方政府的这种系统性思维、创新性思维普遍缺乏，所做工作很大程度上依赖于上级给"指示"，上面催做什么就做什么，上面不催不喊时就"缓一缓、拖一拖"，不愿创新、不敢创新，以及被动应付的心理普遍存在，这也许也是为什么基层干部"很苦、很累、效率低下、事倍功半"的一个深层原因。有些乡镇书记、镇长在抓扶贫工作时还缺乏章法，不能处理好扶贫工作与其他工作的关系，未能以扶贫工作为抓手来统揽其他相关工作如移民搬迁工作、城镇化建设工作等；二是缺乏学习。乡镇抓扶贫工作的领导甚至书记、镇长对相关扶贫政策了解不深、学习不够，在具体的工作开展中就不免会"走形"甚至出现不精准、"好像是这样""好心办坏事"等现象或问题；三是缺乏科学的扶贫规划。调查发现，受评的6个县基本上都没有请专业人员做正规的扶贫规划，存在相关局、所在一起"碰碰头"将相关资料汇整而成的嫌疑，其科学性、理论性和前瞻性不是很高。乡镇一级就更是缺乏科学的扶贫战略规划了；四是缺人手。据了解，有些县最近一两年才设立专门的扶贫办，在此之前基本上是属于相关局所如畜牧局下面的一个办公室。即使有些县设有正规的扶贫办，但面对大扶贫这样一项系统工程，各县市专职抓扶贫工作的人员数还是明显偏少，如一个县扶贫办通常也就是20人左右，且很大一部分还属于工勤人员、"老同志"，而真正懂业务、抓业务且深入在基层一线的则少之又少；五是缺动力。部分乡镇领导总认为扶贫工作是"投入大、收效慢"甚至是"吃力不讨好"的工作，一定程度上缺乏工作的动力和主动性。

### （三）存在"六种心理"

一是侥幸心理。如在评估时有些乡镇领导就希望自己所在乡镇不要被抽到，侥幸心理明显，甚至有些乡镇领导在见面会上得知自己所在镇（乡）未被抽查到时，有"报以掌声"的冲动；二是突击心理。存在突击准备档案材料，突击地发放"连心袋"，突击地在贫困户门口张贴明白卡、管理牌等现象；三是对付心理。安排专人对付评估组的调查，甚至还有向导在带路时故意"导错"，或长时间给即将访问的受访户打电话，让其调查员在一旁"傻等"，可以说"套路"甚深；四是等待心理。乡镇干部抓扶贫工作时一定程度地存在"等上面出要求、出标准"的思想，其主动性不够，创造性思维明显欠缺；五是推卸心理。在评估过程中发展有纰漏或问题时总是将责任推给下属或他人，不愿承担主体责任；六是得过且过心理。存在评估一过就可以"松口气、歇一歇"的且过心理。

### （四）存在"七个不到位"问题

一是程序不到位。即存在"两公示一公告"程序不严谨、不完备、不公开的现象；二是规范性不到位。有些档案材料没有盖章、缺乏原件等，甚至同一档案袋里存在两份相互矛盾的佐证材料；三是标准不到位。如同一县在建档立卡资料方面要么就是未制定统一的归档标准，使得各乡镇资料"五花八门"、参差不齐，要么就是所定标准太低，使得乡镇相关资料"惨不忍睹"；

四是逻辑不到位。存在时间逻辑问题（如相关公示时间前后衔接不妥）、程序逻辑问题（相关资料在装订时存在精准识别、帮扶、退出的程序有"颠倒"现象）、数字逻辑问题（如收入分项之和与总收入不相等）、信息逻辑问题（如农户申请表有两个版本，且一户一档中的申请表与村委会综合材料申请表不一致）等；五是支撑材料或资料不到位或缺失问题。最为典型的是帮扶台账资料缺失，有些乡镇甚至存在将帮扶花名册误认为是帮扶台账的现象；六是帮扶措施不到位。具体表现为有"说"无"做"即有帮扶记录无具体帮扶举措，以及存在帮扶措施单一、帮扶力度小、帮扶项目覆盖面窄、措施实施严重滞后等现象；七是第一书记或驻村工作队不到位。存在第一书记不在岗的情况，或驻村工作队"虚化"现象，这直接影响贫困户对其"满意度"的评价。

### 十一、对贵州省首次扶贫工作成效第三方评估工作的总体评价

作为一次宝贵的"试水"，2016年年底实施的这次贵州扶贫工作成效省级第三方评估工作产生的效果无疑是积极且成功的。一方面，它作为通过非工作体系所展开的调查及评估获取到的结论，对于贵州省扶贫工作最高决策层进一步摸清全省扶贫工作的典型性"家底"，以及时调整、改进相应工作策略及步调，特别是通过省级决策层面，向广大基层地区清晰传达中央开展扶贫工作成效第三方评估工作的坚强决心，促使广大基层地区丢掉幻想侥幸，将工作注意力进一步集中到扶贫工作本身等方面均起到显著作用。另一方面，它对于各受评县区市而言，无疑是一次难得的实战机会，客观上，广大基层地区对于第三方评估的考核形式需要一个适应过程，以往的应付上级检查时"遮丑"、敷衍套路在第三方评估过程中往往容易暴露，这使得广大基层扶贫参与者由最初的麻木、搪塞做法中开始醒悟，进而积极行动起来，认真查找自己的不足，从而进一步提高扶贫工作的精准度。

同时，通过此次扶贫工作成效第三方评估，贵州省相关受评地区还暴露出如下一些典型性问题：首先，不少地方领导对第三方评估考核形式存在明显不适应。以往的考核形式都是上级部门实施，而来自科研院校的评估团队的"突然"介入，使得从县到乡各级相关领导都多少会存在疑虑，比如疑虑评估的准

确性、疑虑评估的公正性、疑虑评估的专业性等。因此，不少县的基本应对策略是"热情接待、严密防范"，有的会深夜组织人手突击备查档案材料，有的会设法支走存在"问题"的贫困户，有的会在接待调查人员的"规格"上下功夫，有的县级相关领导甚至会以学习带路的名义，"半强行"地陪同评估人员活动，力图适时掌握甚至干预调查人员行动，个别县甚至在评估过程中，还试图通过熟人、领导"打招呼""走动走动"等各种形式联系评估人员，极力打听评估结论特别是"打分""排名"等情况。

其次，扶贫精准度不高情况较为普遍。由于精准扶贫实施时间并不长，加之从上到下对于精准扶贫工作的要求在诸多方面存在着尺度不明、解释不清、执行无据等问题，同时不少地方主要领导对于扶贫工作客观上重视程度也不够，从而导致各地精准扶贫工作本身也问题丛生，这包括：一是基础设施欠账仍然大。例如，一些在全省范围也属于基础条件较好的县，其边远乡镇的通村通组公路建设仍有明显缺口，不少边远村组的饮水安全问题、住房安全问题、通信稳定问题等方面仍未获根本解决。二是帮扶措施随意性明显。不少乡镇均存在将农户致贫原因的分析与具体帮扶措施脱节的问题，对于"因学""因病""缺技术""缺劳力"等致贫原因并未很好地安排相应的帮扶人员或帮扶措施，如一些有长期病患的贫困户虽然也被鉴定为"因病致贫"，但帮扶人员却可能是不熟悉医疗领域的税务干部甚至普通教师，不少贫困户的贫困登记卡上关于"帮扶措施"一栏中甚至仅简单填上"修建通村公路"，也有些贫困户曾反映，建档立卡以来，其获得的帮扶仅"一袋米或一桶油"等。三是对驻村工作满意度重视不够。调查中常会遇到贫困户反映从未见过驻村工作队队员的情况，也有村民甚至干脆把"驻村第一书记"与村支书混为一谈。值得关注的还有，大量未从精准扶贫政策中直接受益的非贫困户对于国家相关政策和村干部的抱怨较多，认为贫困户评选不公平、镇村干部优亲厚友的声音常此起彼伏等。

最后，考核内容过于庞杂。作为贵州省首次扶贫工作成效第三方评估，贵州省扶贫办在开展之初存在一个基本考量，即既要满足国检标准，又要达到省定考核标准，因此制定出面广量多的考核指标。至此，执行此次第三方评估的团队从事实上不仅开展了对受评县区在"准确率"和"满意度"两大方面的评估任务，同时也承担了超越第三方评估范畴的工作内容，甚至变身为某种"上级考核"，从而在有意无意间使受评县区对第三方评估工作产生一定曲解，甚至使第三方评估工作在一些方面呈现出"权力化""全能化"的形象。这样导致的后果是，基层工作量倍增、基层工作方面扭曲，如一些县区全领域在此后一段时期出现全县扶贫干部集中力量"做资料"的狂潮，而真正需要落到实处的扶贫工作却陷入荒芜，甚至营造出令人费解的"纸上扶贫"或"数字脱贫"氛围。

# 第六章　国家首次对贵州省扶贫工作成效第三方评估工作回顾

按照原定国家贫困退出计划，贵州省2016年计划退出6个县（区）市，2017年计划退出25个县（区）市，到2018年后则更为密集。后经贵州省委省政府密集调研、审慎决策，最终决定把赤水市作为贵州省迎接2016年度国务院第三方评估唯一市（县）上报国家扶贫开发工作领导小组。作为贵州首个迎接扶贫工作成效国家第三方评估的县级区域，赤水可谓肩负重任，赤水的受评过程无疑也引起了全省上下的密切关注。

2017年7月12日起，赤水市迎来了为期8天的精准扶贫开发工作成效"国务院第三方评估"（以下简称"国评"）验收。其间，评估组对赤水市共调查乡镇（街道）8个［贫困乡镇3个，非贫困乡镇（街道）5个］，并从中抽选出27个行政村（贫困村17个、非贫困村10个）、142个村民组进行调查。根据各乡镇统计，评估组共计入户调查1769户，其中建档立卡贫困户862户，占总户数的48.73%，非建档立卡户907户，占总户数的51.27%。第三方评估组此后反馈的有效调查户为1200户，其中贫困户为581户，占总户数的48.4%；非贫困户为619户，占总户数的51.6%。远远超过县均调查1000户左右的常规计划。评估组的整个评估工作进程，所查之严之细之深，颇令贵州全省上下关注。

2017年10月31日，贵州省政府根据国务院扶贫办《关于2016年贫困县退出评估检查等情况的复函》做出批复，原则同意赤水市退出贫困县行列，标志着赤水市成为贵州省第一个通过国家考核验收的贫困县（市）。赤水市的顺利退出，对于全省各县不仅是一个极大鼓舞，更是带来诸多宝贵的信息与经验，值得认真分析总结，以利于推动贵州省各地下一步"迎评"工作的顺利开展。

## 一、赤水市推动脱贫攻坚工作的主要做法

作为乌蒙山集中连片特困区贫困县，赤水市扶贫工作的"家底"大致如下：截至2017年上半年，赤水市建档立卡系统贫困人口为9100户28744人，其中6个乡镇"减贫摘帽"，32个贫困村出列，累计减少贫困人口7495户24120人，贫困发生率由14.6%降至1.95%。

根据赤水市扶贫办提供的相关资料分析，2016年下半年以来，赤水推动脱贫攻坚工作主要体现在以下九个方面：

第一，紧盯"扶持谁"精准发力，确保识贫不漏一人。按照"精准扶贫首先要精准识贫"要求，严把对象申请、群众评议、乡镇审查、县级复核等关键环节，通过遍访、回访活动对建档立卡贫困对象进行反复核查比对，对非贫困户进行动态识别，切实做到"该进的一户不漏，不该进的一户不进"。两年来共清查出不符合建档立卡对象3784户7580人，对符合建档立卡的对象新纳入管理3461户8324人，清理返贫对象62户201人。

第二，紧盯"一达标、两不愁、三保障"精准发力，确保退出不错一户。根据贫困户致贫原因，按照"缺什么补什么"的原则，做到因村、因户、因人施策。按照国定贫困退出标准，对拟退出贫困户进行逐户核查评估，切实做到国办系统数据、墙上贫困户收入算账确认公示牌、连心袋、登记卡、帮扶成效"五个吻合"，让老百姓"清清楚楚算账、明明白白脱贫"。

第三，紧盯政策到位精准发力，确保措施不漏一项。全面执行中央、省、遵义市各项扶贫政策不漏项，结合赤水实际，出台了支持竹、石斛、乌骨鸡等产业发展意见，制定《支持发展壮大村级集体经济政策落地的十二条意见》《产业化扶贫利益联结机制指导意见》等政策性文件，最大限度地为决战决胜脱贫攻坚提供政策保障。针对现有政策"盲区"，在安全饮水和住房保障等领域开展基层实践，按照小康标准推进农村安全饮水工程，制定农危房整治"十

不改"标准严格甄别，按照"五个一"要求收集不予整治的佐证材料。

第四，紧盯产业扶贫精准发力，确保增收不漏一家。赤水全市所有贫困户家家都有产业项目覆盖，以"十百千万"工程为重点，投入资金25.8亿元，发展金钗石斛7.9万亩、商品竹林100万亩，年出栏乌骨鸡710万羽，生态鱼1.1万亩。20万竹农（含2万多贫困人口）仅竹原料收购、竹笋销售就实现人均年增收3000元以上；石斛产业覆盖贫困人口1058户3893人，人均年收入6000元以上；乌骨鸡产业覆盖贫困人口4560户14000多人，人均年收入420元以上；生态鱼产业覆盖贫困人口660户2109人，人均年收入340元；引进富林电子等劳动密集型产业，带动3000余人实现就业脱贫，人均年收入3万元以上。投入1.2亿元建成103个农村淘宝和农村电商综合平台，带动4000余贫困户人均年收入1000元以上。投入旅游发展资金57.89亿元，带动贫困人口4000余户9000余人实现人均年收入2万元以上。

第五，紧盯基础设施扶贫精准发力，确保设施不漏一处。投入38.1亿元用于交通基础设施建设，仅2016年就新（改、扩）建和硬化公路达2102千米。投入12.8亿元建成2个重点水库，实施519处农村安全饮水工程，解决近14万人饮水安全问题；投入2.88亿元实施农村电网改造；投入2.59亿元推进信息基础设施建设，新建3G/4G基站515个、无线宽带发射基站455个，通信讯号实现全覆盖；完成2万户乡镇光纤入户，实现"村村通宽带""村村通电视"。

第六，紧盯住房保障精准发力，确保安居不漏一宅。实施生态移民搬迁673户3002人，完成易地扶贫搬迁2648户10853人，对城区安置贫困家庭最多给予每户6.5万元的购房和装修补助；以"七改一增两治理"工程为重点，投入6亿元开展危旧房整治27370户，占赤水全市农村户数的38.8%；以绿化、净化、硬化、亮化、文化"五化"工程为抓手，投入近50亿元开展美丽乡村建设；投入4.5亿元建成13个乡镇生活污水处理厂、18个人工湿地污水处理项目和14个垃圾压缩站。

第七，紧盯社会保障精准发力，确保兜底不漏一个。投入1.26亿元建成乡镇敬老院14个，农村养老保险参保率达98%，五保人员全部实行集中供养，对 8622 名"两无"人员实施政策兜底。针对边缘户开发保洁员、护林员、监督员、护理员、水管员"五员"岗位 1910 个，人均年增收 8000 元以上，切实做到了困有所济。投入 21.2 亿元新（改）建薄弱学校 83 所，发放各类助学资金 1.22 亿元，资助学生 14.03 万人次，切实做到了学有所助。投入 2.3 亿元新（改、扩）建医疗卫生机构 20 家，建立以新农合基本医疗保障为主体，大病保险、医疗救助、扶贫保险和医疗扶助为补充的"五重医疗保障"体系，新农合参保率达 99.96%，报销比例 91% 以上，切实做到了病有所医。

第八，紧盯思想脱贫精准发力，确保扶志不漏一员。随着扶贫政策"含金量"越来越高，广大群众不同程度存在"两个隐瞒"（隐瞒收入、隐瞒住房）、"两个争"（争当贫困户、争要扶贫政策）现象，各乡镇主要采取"地毯式"排查、"促膝式"调解、"公益式"服务、"院坝式"普法等手段，大力治理脱贫乱象，树立起"贫困户不可耻、争当贫困户可耻"的导向。累计开展法治宣传教育 3000 余场次，训诫 352 人，治安拘留 50 人，刑事拘留 4 人，有效净化了社会风气。

第九，紧盯帮扶责任精准发力，确保力量不漏一方。赤水作为贵州首家"试水"迎评县市，也切实得到各方密切关注和支持。如贵州省扶贫办先后多次赴赤水督导，省住建厅安排 175 人次对我市危旧房整治进行指导帮助，遵义市选派 37 名精兵强将开展为期 2 个多月的蹲点指导，专门协调 118 支施工队伍 1649 人帮助我市加快人居环境整治，真正做到了"全动员参与、全天候服务、全方位覆盖、全过程督导"。此外，赤水市建立县级党政主要负责同志挂帅的双组长领导机构，53 名县级领导、51 个挂帮部门包干贫困村，2876 名县乡干部"一对一"结对帮扶贫困户；引进 195 个市场主体参与扶贫，带动贫困群众 8946 户 26059 人稳定增收。倡导社会各界捐赠款项约 4000 万元，形成了各方总动员的扶贫格局。

## 二、执行对赤水扶贫工作成效国家第三方评估组织结构分析

### （一）执行团队

——评估单位名称：中科院精准扶贫评估研究中心西南分中心（以下简称

评估组）；

——评估人数：120人；

——评估人员背景：带队评估专家主要由西南大学相关专家教授构成，调查员主要来自西南大学在读研究生。

**（二）组织架构**

总的来看，赤水"国评"工作是由一套较为严密的监督或管理流程组成，其目的是为确保评估结论能够权威、公正，经得起检验。

首先，为保证第三方评估过程的纪律性和公正性，国务院扶贫开发领导小组专门从各有关部委抽调出干部组成巡察组，对整个评估过程进行监督检查，其巡察结果直接对国家扶贫开发领导小组负责。

其次，为保证第三方评估过程的权威性和准确性，由中国科学院牵头，并会同国务院扶贫办等相关部委专家共同组成总评组，从目前所掌握的信息分析，总评组主要负有两个职责：一是负责对评估组在评估过程中遇到的问题进行纪律和技术性把关，为此，总评组将会派遣一些专家组成督导组，直接近距离监督评估组在评估期间的日常工作；二是负责对评估组提交的相关信息数据及评价结论进行审核把关，并将最终评估结论呈报国务院扶贫开发领导小组。

最后，根据评估组内部安排，评估组调查员一般按两人一小组的形式，并作一定分工，执行具体进村入户或明察暗访等相关调查活动。

## 三、赤水扶贫工作成效国家第三方评估程序及要点

**（一）基本运行程序分析**

（1）召开座谈会。评估组成员与被评估县领导班子及其相关部门负责人座谈见面。座谈主要内容包括：宣布工作程序及工作纪律、了解面上基本情况、宣布次日待评若干村名单。

管理要点：召集评估组全体会议，对评估队员再次强调纪律及安全事项，并检查熟悉装备，同时进行分工分组，最后对相关技术性、可能性问题进行讨论。

（2）展开进村入户问卷调查。首先，按照一定的比例，随机选取出建档

## 第六章 国家首次对贵州省扶贫工作成效第三方评估工作回顾

立卡贫困户、脱贫户和非贫困户三种类型，具体抽样方法、抽样比例和抽样规模需控制在一定置信区间（一般为95%）和可接受抽样误差（5%）范围内。其次，对抽样农户采取入户问卷调查，针对三类不同对象会有不同的调查问卷。调查人员一般由两人一组构成，并佩戴"国家精准扶贫工作成效第三方评估"工作证，携带"五个一"装备（一套问卷、一台摄像机、一部相机、一个GPS、一支录音笔）进行调查，具体问卷访谈中，除非必要的语言翻译人员，所有非受访户人员一律隔离。此外，在调查过程中，调查人员还会通过相应设备，完整记录受访户的房屋定位信息、居所环境及生活状况等信息。

管理要点：调查过程中各小组调查员将按照事前分工展开工作，并会在发现典型问题后进行记录或选择上报。调查员一般于当晚即会对所发现问题进行汇总并提交讨论，最后还要对白天的问卷进行电脑录入。必要时，评估小组会在次日对一些农户进行回访。

（3）问卷审定及复核。首先，是审查问卷的完整性，排除漏填、错填问题。其次，针对疑似"漏评""错评""漏退""错退"等两率一度问题展开集中研究判断，并在必要时候启动回访机制，同时也会向当地乡镇（村）两级部门反馈及核实相关信息，要求配合释疑，最后形成相应基本结论。

管理要点：在进村入户调查结束后，评估组会梳理出系列问题清单，并会向当地乡镇反馈及核实，同时还会采取访谈知情人、随机访谈等形式展开多角度多层面验证。

（4）提交评估报告。在实地调查结束后，评估组将组织专家再次对全部信息、数据进行审核和汇总，必要时还会与访谈对象进行电话沟通进行核实，然后形成评估报告并上报总评组。对此，总评组将组织相应专家对评估报告进行严格审查并充分论证，并负责向国务院扶贫开发领导小组呈报最终评估结论。

管理要点：严格、谨慎、客观将始终贯穿于整个评估报告撰写过程，特别是涉及各项相关"差评"的数据或信息，都必须是反复验证直至"坐实"的结果。

（二）基本工作要点

（1）基本工作原则。根据相关资料汇总分析，赤水"国评"团队的基本工作原则可大致描述如下：严守纪律，专心致志，始终围绕"两率一度"，紧盯漏评、错退，以及驻村帮扶工作满意度等核心问题，突出问题导向、专查边边角角、专查薄弱环节，千方百计捕捉信息点，然后展开深度挖掘，坚持不达目的，决不罢休。

（2）样本村及样本户的选取。样本村选取：总的来看，评估组会充分利用大数据对贫困村和非贫困村进行分析比对，相对倾向于抽取工作条件最差、工作水平最低和基础最薄弱的边远区域进行评估；样本户选取：除前述三种基本农户类型比例选取外，还会重点从以下两方面入手：一是从弱势群体入手。调查员会从未建档立卡的低保户、残疾户、五保户、CD级危房户、易地扶贫搬迁户、建档立卡辍学名单入手，并在这些名单中随机抽查入户对象，同时会重点调查未纳入建档立卡的低保户、散居户、边远户、小姓户、外来户、无劳动力户等群体；二是根据第一印象随机切入。调查员往往倾向于选择庭院脏乱差，以及居住在道路和住房破旧的农户作为重点调查对象。

（三）信息采集特点

信息的捕捉、拓展、分析和验证是第三方评估质量的根本依托，为此，评估组总会千方百计寻找切入点和突破口，力图最大限度辨析或把握真相。

（1）关注访谈形式的广泛性。包括问卷调查、随机访谈、座谈，以及电话访谈均会涉及，特别是在调查中常采用参与式调查方式，广泛发动群众提供疑似问题户信息线索，或要求访谈对象先勾选出本村最贫困、房屋最破旧的农户，然后再入户调查。

（2）关注访谈对象的多样性。除针对贫困户、脱贫户和非贫困户的常规调查，调查员会对县乡干部和相关部门主要负责人、人大代表、政协委员等访谈，了解精准扶贫政策落实、基础设施和公共服务改善情况及对贫困退出的认可度；对村干部、（前）任村支书或村主任、退休老教师、老党员、群众代表等访谈，了解贫困和脱贫状况、基础设施、公共服务以及精准扶贫工作组织实施情况等；对建档立卡户和非建档立卡户问卷重点了解农户经济收入、劳动力状况、家庭受教育程度、外出务工、家庭成员健康状况、"两不愁三保障"情况，以及对贫困退出的认可程度等信息；力求在广泛访谈中寻找更多问题的线索或突破口。

（3）关注访谈内容的深入性。这主要表现为不满足于表面问题的解决，如在收入达标的界定上，调查员并非简单算加法，而是会高度关注调查对象"是否有稳定的脱贫措施"，在测评认可度满意度上，调查员会把"贫困户收入有无明显变化"作为重要参考。此外，有的调查员会选择从工作痕迹中查找问题，如临时要求受评乡镇提供"回头看存在问题及整改电子档、会议记录、干部走访帮扶记录和易地扶贫搬迁个人申请"等材料等。

（4）关注访谈过程的独立性。评估组高度重视调查过程中的独立性，严防任何干扰。评估组严格执行"七个严禁"（严禁宴请、赠送纪念品、土特产；严禁打招呼、求关照；严禁隐瞒不报或故意提供虚假情况；严禁不按照要求提供必需的文件材料；严禁对有关评估单位或人员施加影响；严禁阻挠干部群众正常反映问题；严禁打探或泄露评估抽查抽样、调查问卷及评估检查结果）的纪律要求。同时，在评估调查中明确制止任何地方干部陪同，驾驶员及向导均不得随调查员入户，并被要求远离调查对象。评估组还制定出防干扰应急预案，对发现有打招呼、打探消息和泄露访谈信息等干扰情况，都会进行拍照取证记录在案作为扣分依据，或在感觉受到严重干扰时会采取立即暂停调查、临时换户等方式，甚至会将受干扰情况上报国务院扶贫办，通过省县协调会要求立即整改等。

（5）关注信息判断的客观性。评估组始终保持中立角度，并坚持独立、客观、公正的原则，不会轻信一面之词。调查员如果判断农户明显说假话，就会马上取消访谈。评估组查出疑似问题户，也会及时与地方党委政府进行沟通核实，若所提供证据科学可信合理，评估组都会予以采纳。此外，评估组对于发现的错退、漏评问题农户，均会进行多次复核，并通过多种方式走访其邻居和村干部或其他知情人，直至水落石出、证据坐实。

## 四、赤水扶贫工作成效国家第三方评估后对贵州扶贫工作的影响

2017年7月20日赤水迎接"国评"工作方告结束，2017年8月中旬，贵州省"全省深度贫困地区脱贫攻坚工作推进大会"即在贵阳召开。这次大会有

两个主要议题,一是深入推进贵州省大扶贫战略行动,着力打好"四大硬仗"以攻克深度贫困堡垒。二是安排赤水市政府代表发言,介绍赤水迎接国务院第三方评估相关经验。

打好"四大硬仗",是贵州省委省政府为了进一步推进贵州省精准扶贫工作的重大战略部署,其主要内容包括:一是打好基础设施建设硬仗。突出抓好政策设计、工作部署、干部培训、监督检查激励问责五个环节,启动实施"组组通"公路建设大决战,投资388个亿,对39110个30户以上具备条件的村民组实施9.7万千米通组公路硬化建设;二是打好产业扶贫硬仗。紧紧抓住产业扶贫这个根本,与推进农业供给侧结构性改革和农业结构调整结合起来,坚持扬长避短,强龙头、创品牌、带农户,集中力量推进优势扶贫产业大发展,加快补齐产业链短板和薄弱环节,强化配套保障支撑,创新产销对接机制和利益联结机制,带动贫困群众持续增收;三是打好易地搬迁扶贫硬仗。坚持以岗定搬、以产定搬、坚持城镇化集中安置,坚持以县为单位统一建设,用足用好城乡建设用地增减挂钩政策,大力推广"五个三"❶改革配套经验,解决好贵州省新增35万人总搬迁200万人的搬迁问题;四是打好医疗教育住房"三保障"硬仗。2017年全面落实四重医疗保障制度,全面对罹患儿童先天性心脏病等13种大病的建档立卡农村贫困人口实施健康管理;确保建档立卡农村贫困人口100%参合;确保建档立卡农村贫困人口家庭医生签约服务率100%。大力实施农村危房改造,从2017年起,贵州省将用3年时间改造农村危房51.38万户,推进"三改"(改厕、改厨、改圈)补齐基本使用功能,进一步提高农村住房保障水平。

"四大硬仗"战略部署的出台,无疑是2017年下半年以来贵州省委省政府为进一步落实中央有关重要部署,深化贵州省精准扶贫工作的重要抓手,也成为指导贵州各地解决农村贫困人口"两不愁三保障"等关键性问题的重要着力点。"四大硬仗"出台和赤水市政府在此次会议上的交流发言,使贵州全省范

---

❶ 这是从惠水县的实践中提炼而来,分别指:"三地",盘活承包地、林地、宅基地资源;"三就",落实就业、就学和就医;"三保",实施低保、医保和养老保险转移衔接;"三所"建设经营性服务场所、农耕场所和公共服务场所;"三制",用活集体经营机制、社区管理机制和群众动员机制。

围内对于如何推进精准扶贫工作的以及如何面对国家相关考核验收产生出"震撼性"认知效果,贵州省地方各级政府部门已经意识到,精准考核远非以往熟悉的"上级考核"套路,严字当头,较真碰硬,精准到户,问题导向等概念,成为精准考核的重要特征。特别是以看农户"一达标两不愁三保障"稳定实到程度,用识别和退出的精准度,以及帮扶工作群众认可度(满意度)等方面的量化考核工作才是精准考核的核心内容。

至此,2017年下半年以来,贵州省各地对于推动脱贫攻坚工作,在深入推进精准帮扶工作并与国家相关考核标准密切对标等方面做出了更加细化、更加系统、更加扎实的扶贫策略调整,这样的调整使得各地基层扶贫工作者能获得更加明确的操作路径,更加明确的工作方向,从而避免"眉毛胡子一把抓"、不明轻重缓急的现象反复出现。对此,可从贵州省一些市、州扶贫办的领导讲话中或学习材料中均得到不同程度的体现:

**(一)更加着力于识别工作的精细化**

以往贵州省各地习惯使用的"四看法"和评分法,由于存在精度不够高的"硬伤",如今已经无法适应国家考核形势发展。根据国家考核,特别是第三方评估考核形式,贵州省提出需要着重从以下几个方面进行强化。

第一,在精准识别工作上,应做到"十必看"。即一看房屋(看是否有房、房屋类型、主体结构和承重部件是否损坏,是否跑风漏雨和走丝开裂等灾危险及威胁情况等);二看人口(以户籍为参照,以实际共同生活人口为依据,看人口构成情况,劳动力及其劳动技能情况);三看饮水(全程查看水源到水缸、水质、水量等情况);四看饮食(看家中是否有存粮、是否有细粮、每年吃的肉食和禽蛋类营养食物的情况等);五看衣被(看是否有四季换洗的衣服,是自己购买还是他人赠送等情况);六看田土(看耕地、林地等生产资源等情况);七看生产(看种养业生产经营情况、看务工或其他就业情况、看经济收入情况);八看环境(看路、电、讯通达情况,看房屋内外环境卫生情况等);九看健康(看家庭成员是否有残疾、生病及治疗情况,看医疗费用支出报销情况等);十看精神(看是否有致富愿望、是否勤劳、看与左邻右舍是否能和睦相处,看对公益事业是否热心支持,看贫困户最迫切的需要是什么等内生动力情况）。

第二，对于贫困动态识别管理，要求做到"五必访"。一是群众有反映有诉求的必访；二是受灾农户必访；三是发生了大病的农户必访；四是有矛盾纠纷的必访；五是可能出现返贫的必访。

第三，对于贫困退出识别要严格落实"六对照"。一是对照收入是否稳定达到当年的贫困标准线，能否实现吃不愁、穿不愁；二是要对照农村安全饮水标准，检查安全饮水是否真正落实；三是要对照安全住房保障要求，检查安全住房是否真正落实；四是要对照义务教育保障要求，检查义务教育是否到位，非义务教育负担是否可以承担；五是要对照医疗保障要求，核实有病是否能医治，医疗费用是否及时报销，自付费用能否承担，因病是否造成家庭收入减少影响家庭生活问题；六是对照群众认账的要求评估群众对脱贫退出的认可度和帮扶工作满意度。

第四，针对"两不愁三保障"问题，关于"两不愁"问题，应重点关注两个方面问题：第一，是饮水问题。贵州省扶贫办提出的要求是"水龙头一开，清水自然来"，凡是实施了农村安全饮水工程的应按照此要求落实，对于边远高山严重缺乏水源的地区，可按照国家标准落实也可以达到相关要求。关于水质要求，按照《农村实施人居生活饮用水标准准则》，把农村生活饮用水水质划分为三个等级，超过三级的为不安全饮用水。国家第三方评估的基本判断就是水不混浊，直接饮用后不出现拉肚子等疾病。第二，是关于"不愁穿"问题。这是指农户能自主购买或其子女能为其购买衣服，四季衣服和日常换洗衣服有保障，床被有保障。但还要注意衣物来源，如靠社会捐赠的不能认为有保障。

关于"三保障"问题，应重点关注三个方面问题：首先，是教育保障问题。主要指农户能正常享受义务教育的基本权利，适龄儿童没有在义务教育阶段辍学现象（因身体原因或不适宜上学的除外）视为义务教育有保障。同时应特别注意，第三方在评估还会延伸关注非义务教育阶段的因学致贫问题；其次，是基本医疗保障问题。是指农户有基本医疗保险，能负担得起基本的医疗费用，患重病的有大病医疗保险或大病救助，医疗费用在政策范围内能保证及时报销补助，能看得起病。同时，还需特别关注和分析农户生病后是否引起家庭收入大幅度减少，是否因自付费用过高而引起家庭生活困难等问题。最后，是住房安全保障问题。要求农户居住房屋要达到 A、B 级标准，C 级以下认定为危房，具体评估过程中，对房屋主体已严重损坏，或承重构件已成危险构件，不能保证居住和使用安全的，属于不安全的住房，对于这类房屋的农户，如长期居住于子女家、亲戚朋友家或敬老院，或有能力租房并实现长期租房的，可视为房屋有保障，同时还需特别关注地基塌陷、后山垮塌、跑风漏雨，水淹开裂等造成不适宜居住的房屋。

第五，要切实强化基层扶贫人员的研判能力。特别要对照上述基本要求（标准），强调基层扶贫人员要对走访识别发现的各种问题进行逐一研判，通过精准识别后，就会发现贫有千种、困有百样，只有通过精准到户的致贫原因分析和精准到户的真情帮扶，才能真正解决农户的贫困问题。同时，只有对相关问题进行客观深入分析，才能解决好"扶真贫"的问题，在实际工作中，应特别注意对以下情况的分析研判。

——关于人口问题。测算县域综合贫困发生率是以 2014 年年末所在县域农村户籍人口为基数，而分户建档立卡则是以农户实际共同生活的人口为对象，而在初始识别、动态识别和退出识别的过程中，因婚姻、生育、死亡等原因引起人口的变化。因此在退出识别时要特别注意甄别，一般当年整户识别的当年不允许退出，系统内贫困户家庭动态识别新增的人口，可以随初始识别人口同步退出。

——关于长期外出务工问题。四川省和重庆市把外出五年以上作为长期外出，不予识别。根据赤水市的经验，对长期外出的界定则是把 2014 年年初始识别前就已经外出，以后每年度的动态识别和退出识别时仍然外出的作为长期外出户，不予识别。这也得到国家第三方评估组的认同。但是，对识别时返乡回家的情况还应注意，要区别返乡争当贫困户和真正回乡居住的不同情况，一般不要急于识别进来，对提出申请的，可以作为观察户、明确专人联系。待对其是否属于真贫进行跟踪核实后，在下一个年度再进行规范性识别。同时，对于在观察期间确有困难的农户，要予以适当的人道帮助。

——关于老人户问题。老人户是指有子女但两个或一个老人单独设立户籍并已建档立卡的农户,第三方评估时,一般认为老人都不属于劳动力,而子女的赡养又不落实的情况下,是不能稳定脱贫的,不能作退出处理,反过来说就是只要子女有赡养能力且落实赡养义务,达到脱贫标准的就可以退出,这就要求扶贫干部在识别时要注意识别其子女的赡养义务是否落实到位。

——关于五保户问题。五保户只要是在敬(养)老院集中供养的,都可以作退出处理,若因特殊原因不能集中供养的,重点要注意对其识别"三保障"问题和义务赡养责任落实情况,如果"三保障"和义务赡养责任未实的不能退出。

——关于困境儿童问题。困境儿童只要是在儿童福利院集中扶养的可以作退出处理。没有进入儿童福利院实行分散扶养的,重点要注意识别"三保障"、义务扶养责任和监护责任的落实情况,不落实的不能退出。

——关于大病发生户问题。大病发生户是指家庭成员中有人发生了大病的农户,识别时首先要看是否参合参保,其次要看医疗发生的费用能否及时按政策报销到位,自负部分的费用是否承担得起,再次还要看发生大病后是否导致整个家庭收入大幅度减少,影响了正常基本生活。以上只要有一种情况出现都不能退出,慢、特病户也要参照这个思路进行识别研判。

——关于易地扶贫搬迁户问题。首先是看是否已经搬进新房,其次是看是否达到其他脱贫条件,对于因增加易地扶贫搬迁任务,符合列入搬迁对象并列入2018年以后搬迁的贫困户,现居住房屋安全,在其他脱贫条件满足的情况下,可以退出。

——关于地灾区或地灾影响区房屋安全情况问题。第三方在评估过程中,重点是关注房屋本身的安全性,但如果有群众反映提供居住地属地灾区或地灾影响区的线索,会引起第三方的重视,尤其是人工采矿等引发地灾造成农户房屋不安全,第三方会特别关注。为此,各县应结合地质灾害管理相关要求进行相应排查,进一步落实地灾监测预警、安全避让、疏散逃生等管理措施,并对自然地灾区的农户房屋进行一次鉴定,凡属CD级危房的贫困户,不能退出。对于人工采矿引起的地质灾害造成房屋不安全的贫困户,必须搬迁,否则不能退出。

——关于因工程建设需拆迁的贫困户住房保障问题。第三方评估时特别关注过渡安置期的住房保障和农房最终住房落实情况。各县必须高度重视，切实解决好被拆迁农户的住房保障问题，尤其是采用货币化安置的，必须跟踪研判其过渡期住房和购房建房情况，没有研判精准，住房不落实的不能退出。

——关于债务问题。主要是要注意区分是因为追求更高水平的生活或家庭发展需要而产生的债务，还是因满足基本生活所产生的债务。对于前者，只要其稳定收入在三五年内可以覆盖还清债务，且其他脱贫条件满足的情况下可以退出；对于后者，若债务过重的，不能退出。

——关于收入问题。坚持实事求是，应算尽算的原则，既不要纠结于是人均收入还是可支配收入，也不要纠结于用统计学算账方式还是会计学算账方式，第三方评估时，如果对收入有怀疑，一般都会用消费反推的算账方式，测算农户人均每年基本生活消费能否达到贫困标准线。对于脱贫来讲，只要医疗、教育等其他费用支出后，能满足基本消费支出标准，没有债务就可以脱贫，当然从发展的要求看，国家要求贫困户的收入增长幅度要高于全国平均水平，第三方评估时也要从系统中提取数据进行分析，但不影响到具体农户脱贫问题，只要不弄虚作假，老百姓认账，第三方评估组也会认可。

值得注意的还有，关于识别问题一些市、州扶贫办还进一步建立"会诊机制"，如对问题的研判分析要按照帮扶干部发现问题、驻村工作队复核、乡镇党委书记召集研判分析，县级指挥部审核确认的流程进行，要层层把关，逐户研判分析，如果确实存在县级层面也感到疑难，拿捏不准，无法做出准确研判的问题，一般要求请各县（区、市）扶贫办认真收集书面报上来，由市州扶贫办综合梳理汇总，及时向上级反映，或与有关部门一起分析研判，努力形成上级认同、专家认可、群众认账的有针对性解决措施。

**（二）更加着力于帮扶措施的精细化**

首先，进一步强化短板问题台账管理。驻村、驻组工作队和帮扶干部就要围绕问题台账，逐一补齐销号，直至全部销号完成。补短板的过程，就是帮扶的过程。要教育引导广大基层干部牢记习总书记对帮扶工作"用心用情用力"

· 75 ·

的要求，扎扎实实把帮扶措施落到实处。

其次，应进一步强化驻村帮扶工作力度。必须承认，贵州省因村派人工作在一些地方仍存薄弱，一是只强调了分散的干部帮扶，没有派驻强有力的驻村工作队，大多数地方只派了一名第一书记，有的县甚至教师、医生、临聘人员帮扶的占比相当高。二是帮扶责任未压实，帮扶措施不到位，以至于贫困识别仍然弄不清楚，帮扶措施有不少的还是节日慰问式帮扶、走访填表式帮扶、电话遥控式帮扶，没有在精准上下功夫，还是老一套。有的蜻蜓点水、不切实际，搞数字脱贫；有的繁文缛节、文件表册一大堆，搞资料脱贫；有的花拳绣腿，做表面文章，搞形象脱贫；有的大水漫灌，抓点示范，搞样板脱贫。三是帮扶管理机制不到位，有些地方虽然派驻了工作队，但工作队和帮扶干部没有做到无缝对接，各自为政、工作脱节、相互推诿。而这些问题均直接关联群众对帮扶工作的满意度和认可度，必须引起高度重视，切实抓好。为此，必须严格按照中央和贵州省委省政府相关要求，要从机制、选人用人、激励措施等方面入手，不断强化驻村帮扶工作力度，并力求实效。

## （三）更加着力于迎评准备的精细化

随着时间的临近，贵州省准备进入迎评倒计时的县区（市）逐步增多，"对表对标"、查缺补漏工作均已逐步实施，采用"地毯式"摸排，反复查找精准扶贫工作的疏漏点、隐患点和风险点工作也成为倒计时阶段的一个重要特征。根据第三方评估的工作要求，不少地方提出要精细于一些风险点佐证材料的收集准备工作，做好工作人员基本素质训练，力求防患于未然，使自身精准扶贫工作成效达到经得起历史检验的根本目的。

首先，要像办案件一样，对容易误判的问题做好佐证材料的收集。佐证材料主要涉及两大类。一类是达不到建档立卡条件而想争当贫困户的对象，另一类是已达到脱贫条件还想继续当贫困户的对象。由于扶贫政策的含金量越来越高，此两类人员往往存在"哭穷"表现，刻意隐瞒收入、隐瞒财产，虚报因病因学支出，甚至假报债务，诱导第三方评估人员误判漏评和错退。因此，收集好佐证材料，不仅是为了评估验收，更重要的是维护社会的公平正义，维护良好的扶贫秩序，在识别的过程中要像办案件一样把有关佐证材料收集到位。具体包括如下内容。

一是住房类佐证材料。在城镇有住房的，要收集产权证明（属于"小产权房"的，也要收集其购房相关协议），居住房屋的照片（包括外观和室内照片），本人的笔录材料和邻居知情人的旁证材料等，还有一类，有经济能力在城里稳定租房居住的，要找到其租住的房屋，收集租房协议和照片，本人笔录、房东证明和邻居知情人的旁证等材料。

二是收入类佐证材料。重点关注两种情况，一种是本地零星务工收入，另一种是财产性收入或通过财政扶贫项目利益联结的收入；县外务工的要有清楚的联系方式，群众对算账要认可，这就要求帮扶干部工作要到位，各种产业联结的要收齐协议和收益痕迹资料等（特惠贷入股、土地入股、扶贫资金入股分红等）。

三是辍学类佐证材料。辍学的问题，不要简单说都已经劝了，也不要简单说孩子不愿意读书之类的话，要收集佐证材料，用事实说话，如孩子因病要休学，就涉及医疗证明、老师走访、帮扶干部劝学、休学申请、审批材料等等，要把来龙去脉说清楚。材料做扎实，不能简单搪塞。

四是医疗类佐证材料。医疗的问题，首先农户参合率必须达到100%，其次是产生医疗费用的，要按照相关政策及时报销落实到位，并收集医疗报销的票据等佐证资料。

五是对不孝敬老人，不尽赡养义务的，要进行批评教育，要采取自治、德治和法治的方式、综合施策，监督子女对老人的赡养责任是否落实到位，确保赡养费不低于贫困退出标准线，并收集相关的佐证资料。

六是边缘户的佐证。首先要收集动态识别的程序性资料，佐证其不符合建档立卡的条件，其次要收集实现"一达标两不愁三保障"各项指标的措施性证明材料，对某方面存在困难的要补齐短板，否则在第三方评估时要被视为漏评。

佐证资料的收集要采取乡镇为主组建专案组，相关部门参与联动、县指挥部调度把关的方法，逐户落实到位。可考虑对其单独建立档案，以备查询，佐证材料必须要真实，防止形式主义，为佐证而佐证，要反映客观事实，更不能弄虚作假。

其次，要精心准备，切实做好迎检服务工作。对此，一是要做好向导培训。一些地方扶贫部门认为，迎检工作最重要的是向导，无论是交叉考核还是国家第三方评估，向导都至关重要。因此要强调在走访识别和补短板帮扶的过程中，要以村民组为单位手工绘制村民分布图，目的就是要让驻村民组的干部熟悉组内每一户的情况，在迎检过程中作为向导，就能给第三方评估或考核检查人员充分介绍和沟通被抽查农户的详细情况，有利于评估考核人员及时准确地判断，从而得出公正客观的结论。据悉，第三方评估一般都需要两级向导，一级是从县（区、市）带到乡镇和村，可以是县（区、市）驻乡镇督导组的人员，一级是进村入户的向导，就是驻村工作队的干部，只负责带队，入户不需要陪同，可以合理沟通情况，但绝不能干扰影响走访调查，对此，一般要求各县（区、市）一定要提前培训好向导人员。二是要明确纪律，搞好基本后勤服务。如做好食宿车辆的保障，并要严格遵守八项规定和有关纪律要求，做到温馨、舒适、安全。对于进村入户时不能到乡镇食堂就餐的，要提前在村民家中做好相应安排等。

# 第七章　贵州省运用第三方评估形式推进精准扶贫工作的实践

进入 2018 年，为进一步适应国家相关考核，特别是第三方评估考核形式，贵州省对于各地扶贫工作成效考核更加着力于在督查考核、交叉考核等形式上关注扶贫质量的提升。为此，各相关县均展开行动，其中尤其以 2018 年拟"摘帽"，处于"冲刺备检"县的工作力度最大，力求根据国家第三方评估相关标准，立足于查缺补漏，促进本地精准扶贫工作体系的进一步完善。

## 一、强力推动精准识别工作

精准识别是精准扶贫工作考核的重要组成部分，为切实提高精准识别率，不少县狠下功夫，从流程、措施、人员配置等方面入手，力求挤掉贫困发生率水分，确保精准识别、精准退出准确性。以黔北某拟申请"摘帽"退出县 T 县为例，2018 年年初，该县提出面向全县农户，以编号管理为基点，实行针对漏评户、错退户、风险户、门槛户等相关问题的逐户排查管理，并将此项工作称为"销号管理"（流程见附件 1）。其基本目标是：以户为单位再优化、再细化、再落实精准识别、精准帮扶、精准退出，摸清底数，清晰问题，集中施策，逐户销号。且明确两个时间段，一是要求各乡镇（街道）完成农村人口全覆盖摸排（流动人口由户籍地负责核实），找准错退户和漏评户，全面梳理迎评风险，形成台账，倒排整改工期，全面补齐贫困户政策兑现短板；二是要求全面补齐收入不达标问题，以及人居环境改造、安全饮水、移民搬迁，以及五保户集中供养等短板问题，确保人人过关、户户达标。

在工作步骤上,该县主要的做法包括:首先,全覆盖摸排,精准梳理问题,补齐政策兑现短板。由县乡两级干部组成的一线指挥部要组织帮扶干部和镇、村干部再次核准所有建档立卡贫困户家庭信息,认真清理出历年来所有脱贫户中错退风险和非贫困户中漏评风险的农户,并将错退和漏评原因按照《T县脱贫户、门槛户短板清理台账》(见附件2)要求认真填写上报,作为补短板的核心目标和县总指挥部调度脱贫销号的依据;制定错退户和门槛户整改措施和倒排工期表,确保按时、保质、保量销号。对此,要在工作中注意:

——信息再次校核。乡(镇、街道)扶贫办在国家扶贫信息系统中打印贫困户信息对照表,提供给帮扶干部作为对照资料,入户核实户口是否为唯一户口,家庭成员基本信息与扶贫信息平台是否吻合,若有变动(尤其是人员新增和减少)直接在对照表上修改并签字上报一线指挥部,一线指挥部按照县扶贫办要求,由包村领导全程监督录入,确保帮扶责任牌、收入确认表、连心袋、一户一档的信息与国办系统完全统一。

——排查脱贫户和非贫困户短板(非贫困户中有短板的农户以下称为"门槛户")。帮扶干部,镇、村干部对照"1237"标准(一达标两不愁三保障和7个不能脱贫),对收入达标(产业覆盖、务工状况)、"两居"、易地移民搬迁、医疗、教育、安全饮水、五保户集中供养情况进行逐户逐项比对,若脱贫户和非贫困户中不满足条件的,将实际情况记录在《T县脱贫户、门槛户短板清理台账》内。待核准签字后及时提交一线指挥部,一线指挥部逐户研判确认后,经一线指挥长签字提交县总指挥部。

——认真制定整改措施。各一线指挥部要根据《T县脱贫户、门槛户短板清理台账》分类汇总"收入不达标""住房不安全""饮水不安全""易地移民应搬未搬"、教育、医疗不保障、五保户未集中供养等数据信息,分类别制定整改方案(方案中需要县级相关部门明确整改意见的,一线指挥长审定后报县总指挥部,由总指挥部研究明确),逐户拟定整改达标倒排工期表,落实责任人、明确整改完成期限。错退户和门槛户的责任人,全程跟踪短板整改工作,完成后按销号管理要求进行销号。

其次,严格销号管理,确保人人过关,户户达标。指定具体时间,由各乡

第七章　贵州省运用第三方评估形式推进精准扶贫工作的实践

镇一线指挥部第一次上报已脱贫户和门槛户信息核实承诺表和印证资料，以确定全县当前的脱贫基数。针对还有收入不达标、人居环境改造、安全饮水、移民搬迁、五保户集中供养未完成的脱贫户和门槛户，指定时间务必完成。并要求销号工作实行5天报送制，县总指挥部将实行跟踪复核。对此的工作要点包括如下。

——脱贫户确认销号。帮扶干部对所帮扶的脱贫户，确认达标后，按照县相关文件要求，认真填写《T县××乡（镇、街道）已脱贫户信息核实承诺表》（见附件4）并附上《T县脱贫户、门槛户已达标印证资料》（达标印证资料目录见附件3），承诺表提交纸质的，印证资料提交电子版。帮扶干部将"承诺表"和"印证资料"提交给一线指挥部审核验收，验收达标，一线指挥长签字后，确认销号并归档，同时汇总上报县总指挥部。县级以上（含县级）部门帮扶干部复印一线指挥长签字的承诺表，送本部门主要领导，统筹安排好业务和帮扶工作［归档要求：所有确认销号的脱贫户以乡（镇、街道）要以村为单位，组为单元，户为元素，每户销号的承诺表乡（镇、街道）自行编号，切记做到印证资料电子版的编号必须与承诺表编号一致，便于快速提取佐证资料］。

——门槛户确认销号。镇、村干部对所负责的门槛户，确认达标后，认真填写《T县××乡（镇、街道）非贫困户信息核实承诺表》（仅填写门槛户，见附件5）并附上《T县脱贫户、门槛户已达标印证资料》，提交一线指挥部，并申请审核验收，验收达标，一线指挥长签字后，确认销号并归档，同时汇总上报县总指挥部。归档要求与脱贫户的一致。

——全面提升工作成效，完善迎检工作。明确时间段，要求各乡镇完成所有通村、通组路、通电、通信项目建设，完成村庄卫生整治和农户"三治"工作，完成村社合一建设，发动贫困户全部入社；以组为单位高频率召开群众会，讲清政策，化解矛盾，提高认可度；开展法治扶贫，树立正能量，营造良好的社会风气。

为推进"销号管理"，T县还提出具体工作要求：第一，明确步调。县级各部门务必与一线指挥部共同研究工作部署，统一时间、统一步调开展帮扶销号工作，帮扶干部务必按一线指挥部要求开展工作，不折不扣完成任务，若出现问题一线指挥部可直接处理。第二，领导主抓。县级一线指挥长对脱贫攻坚工作负总体责任，各乡（镇、街道）党（工）委书记负主体责任，最后冲刺期间必须坐镇指挥，亲自调度、亲自把关、亲自销号。第三，强化督查。县总指挥部组建25个驻乡（镇、街道）督查组开展定点督查，重点督查乡（镇、街道）工作安排情况，帮扶干部到岗到位和工作任务落实完成情况。

## 二、紧盯精准帮扶工作短板

脱贫要素是支撑精准脱贫工作的根本检索目标，对此，T县提出的对策是围绕"一达标两不愁三保障"问题，盯准各项对应短板发力。首先，盯准收入达标，进一步强化精准产业扶贫。一是要由农牧局牵头，根据省市两级最新产业结构调整要求，指导T县各乡镇（街道）结合自身资源禀赋，发展特色产业。二是围绕户户有增收项目，人人有脱贫门路，家家有稳定产业，林业局、农业局要负责落实好产业的源头工作，并与各乡镇（街道）政府部门协作，加快建立完善各类专业合作社，并构建好利益联结机制。三是县镇两级要建立好产业扶贫台账，并做好数据填报和更新，确保信息同步吻合。四是各乡镇要注重搜集好产业收入佐证材料，包括土地流转合同、入股分红协议、务工合同、农产品售卖凭据等，并发放到贫困户手中。

其次，在针对补齐"两不愁三保障"短板方面，T县根据自身实际提出以下对策，第一，聚焦住房保障，快速推进人居环境改造和异地移民搬迁工作。在人居环境改造方面：要加快自查验收、查缺补漏，要按照"一户一户地过，一房一房地过，一项一项地过"的原则自查自纠，发现任何质量问题一律返工；要加快资金兑现，各乡镇都要做好兑现台账，明确专人管理，严禁拖欠；要注意按照一户一档原则，做好相关资料完善。在易地移民搬迁方面：要从投入、建设、动员等方面入手，切实抓好年度搬迁计划的落实；要结合实际，在尊重民意的基础上，积极启动大规模的农村旧房危房拆除工作。在教育培训方面：各乡镇要在县各职能部门指导下，认真组织相应对象，切实抓好搬迁群众的医疗、教育，以及常态化技能培训工作，落实就业，实现稳定增收。第二，聚焦饮水保障，快速落实安饮工程。要充分整合各方资源，想尽千方百计，全面落实全县安全饮水工程；要重点针对边远村落，再梳理、再核查，实现农村饮水工程安全全覆盖，各镇村组相关责任人要负责加大排查力度，做到"不漏一户"，确保水龙头拧开有水，且水质清澈干净。同时，各乡镇必须尽快建立饮水管护制度，确保工程长期发挥效益。第三，聚焦社会兜底，全面落实兜底对象保障政策。针对有残疾人的农户家庭，由县卫生局牵头各级医疗技术力量，开展建档立卡户和门槛户残疾人残疾等级鉴定工作。与此同时，县民政局必须及时把符合条件的残疾人纳入低保范围，教育局认真组织力量，做好"三残儿童"教育工作，切实做好送教上门服务。此外，各乡镇要扎实做好"护理补贴"资金残疾人创业示范补助资金、精神病患者服药补助资金等补助的按时足额发放。针对五保户，各乡镇必须加大核查力度，确保五保户集中供养率达100%。第四，聚焦基础设施，全面推进农村公路建设。县交通局、县财政局应抓好建设工程的质量监督和工程款拨付，并指导各地农村搞好项目管养护措施。此外，还要抓好农村公路的建设计划、设计、施工，以及建设质量，确保全县农村公路按照既定时间全面完成等。

### 三、进一步强化迎评意识

T县的主要做法是通过组织含职能部门、镇村两级干部在内的多种形式培训活动，明确要求各级扶贫人员在迎评过程中，务必注意以下工作事项：一是避免犯低级错误，如干部收走农户户口、让农户不在家、干部冒充农户、阻挠群众反映情况、向导故意带错路或绕路、向导用地方语言制止受访群众表达、一户一表资料错装混装等。二是不要过于紧张束手无策，要心怀坦荡，特别是在能够解释、申诉的节点，用政策说话，用事实说话，实事求是。三是不要随意打探考核信息。不要关注考核团队中是否有无本县人员亲戚朋友，不要认为私交好就可以随意打探信息。因为考核组成员是对上级负责，随意打听只会弄巧成拙，未必能获得真实信息，且会增加考核方的反感情绪，甚至造成干扰评估的后果。由此可见，随着第三方评估所发散出的中立评价社会形象得到确立，不少县在迎接上级考核或第三方评估时，已基本放弃侥幸、投机心理，将注意力完全放在扶贫工作本身，而非以对付考核为目的。

附件1

T县脱贫户、门槛户销号管理工作步骤流程图

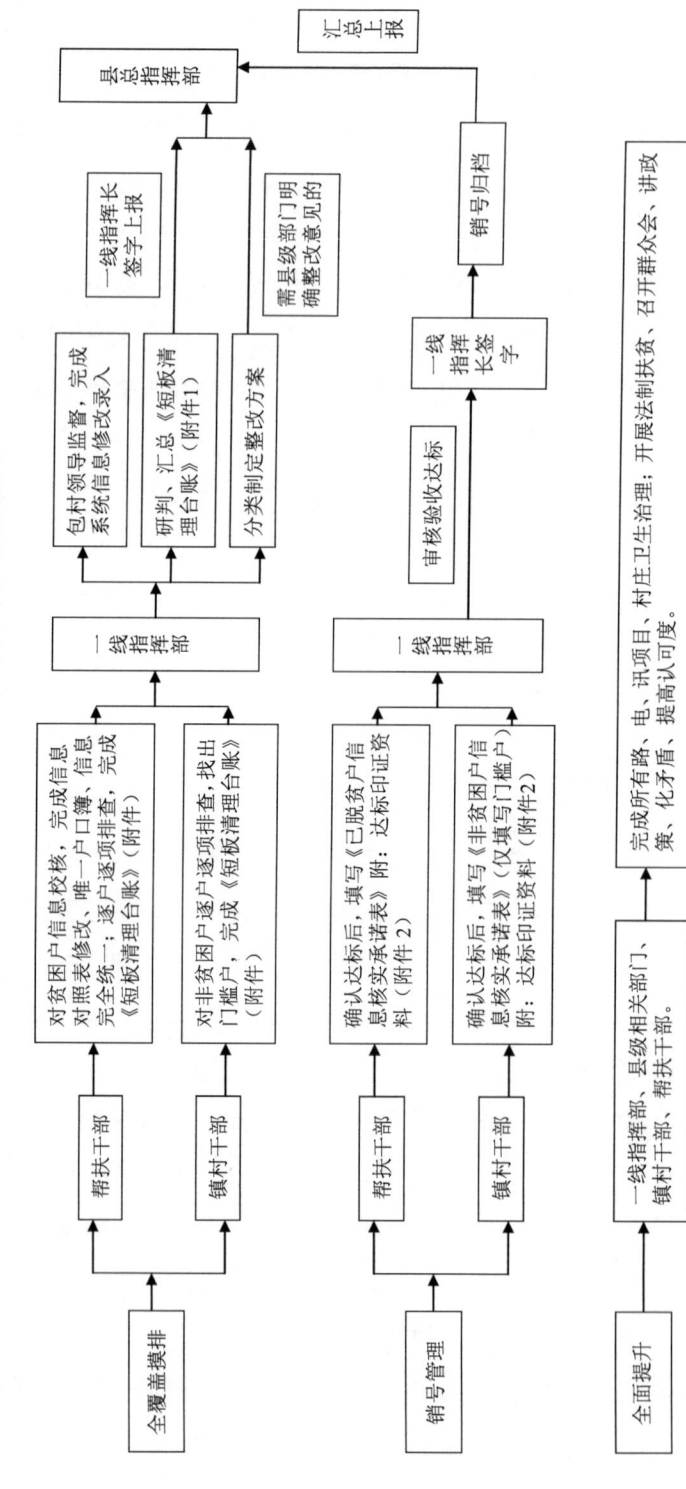

注：1. 部门及镇村帮扶干部需签字：信息对照表修改、《短板清理台账》、《已脱贫户信息核实承诺表》；x月x日志，一线指挥部销号管理工作实行5天报送制；3. 达标印证资料提交电子板，复印一线指挥长签字的《承诺表》送本部门主要领导，统筹安排好业务和帮扶工作。（含县级）部门帮扶干部完成销号后，复印一线指挥长签字的《承诺表》送本部门主要领导，统筹安排好业务和帮扶工作。

## 附件 2

## T县脱贫户、门槛户短板清理台账

乡镇（街道）：　　　　　填表人（帮扶干部）：　　　　　审核领导：　　　　　上报日期：　　年　月　日

| 序号 | 组 | 户主姓名 | 类别 | 家庭人口 | 识别年度 | 脱贫年度 | 需要补齐短板类型 ||||||| 责任人 |
|---|---|---|---|---|---|---|---|---|---|---|---|---|---|
| | | | | | | | 收入不达标 | 住房不安全或达不到入住条件 | 易地移民应搬未搬 | 医疗不保障 | 教育不保障 | 饮水不安全 | 五保户未集中供养 | |
| 1 | | | | | | | | | | | | | | |
| 2 | | | | | | | | | | | | | | |
| 3 | | | | | | | | | | | | | | |
| 4 | | | | | | | | | | | | | | |
| 5 | | | | | | | | | | | | | | |
| 6 | | | | | | | | | | | | | | |
| 7 | | | | | | | | | | | | | | |
| 8 | | | | | | | | | | | | | | |

备注：1. 统计对象：2014—2017年的所有未达标的脱贫户和门槛户。类别：(1) 脱贫户；(2) 门槛户。已达标和未达标栏中，根据核实情况判断，只需在相应的栏中打"√"。

2. 收入不达标：(1) 人均可支配收入前三项之和未达4000元以上（五保户不用算收入）；(2) 贫困户收入算账不认同；(3) 贫困户收入来源不清楚；(4) 分红或公益性岗位跨年度打款。

3. 住房不安全：(1) 属CD级危房未改造；(2) 毛坯房；(3) 住房跑风漏雨；(4) 住房地基不安全；(5) 人均面积不足13平方米；(6) 厨房、厕所、卧室未分离；(7) 人畜混居；(8) 人居环境极差。

4. 易地移民搬迁：(1) 已搬迁；(2) 未搬迁。

5. 医疗不保障：(1) 总医疗费用报销未达到90%；(2) 五重医疗未得到完全对象。

6. 教育不保障：补助期限从2015年秋季起。(1) 普通高中教育补助未兑现或完全兑现；(2) 中职学校教育补助未兑现或完全兑现；(3) 普通高校教育补助未兑现或完全兑现。

7. 饮水不安全：(1) 未通自来水；(2) 水质不卫生；(3) 水源不保障。

8. 所有需要补齐短板类型按照以上分类别填写编号，请在备注栏中标注是脱贫户还是门槛户。

## 附件3
### T县脱贫户、门槛户已达标印证资料收集目录

| 序号 | 内容 | | 应收集的印证资料 | 备注 |
|---|---|---|---|---|
| 1 | 房屋 | 拆除重建 | 提供四面屋基照片一张；提供立面、侧面、背面、正面和整体外观照片各一张；提供室内屋顶照片一张。 | |
| | | 维修加固 | 提供立面、侧面、背面、正面和整体外观照片各一张；提供室内客厅、卧室、屋顶照片各一张；如有二楼的要提供二楼墙体照片一张。 | |
| | | 易地扶贫搬迁 | 提供室内厨房、厕所屋顶照片各一张。 | |
| | | 三改 | 提供厨房改造完成的整体照片一张；提供厕所里面、外面改造完成的整体照片各一张；提供猪圈的整体照片一张。 | |
| | | 三化 | 提供院坝硬化整体照片一张；提供屋前屋后排水沟硬化整体照片各一张；提供连户路硬化整体照片一张。 | |
| 2 | 两不愁 | | 提供四季换洗衣服和厨房米、油照片各一张。 | |
| 3 | 安全饮水 | | 要提供水龙头开启时流水的照片一张。 | |
| 4 | 教育保障 | | 要提供教育补助兑现明细照片一张。 | |
| 5 | 医疗保障 | | 要提供农户医疗报销总体算账照片一张；五重医疗报销明细照片一张。 | |
| 6 | 产业 | 养殖业 | 要提供养殖现场整体照片及牲畜照片各一张。 | |
| | | 种植业 | 要提供种植现场整体照片及农作物种类照片各一张。 | |
| | | 入股分红 | 要提供入股协议及分红明细照片各一张。 | |

备注：请收集印证人员以村、组、户主姓名命名建立文件夹传一线指挥部收集归档，一线指挥部明确专人以乡镇、村、组、户姓名建立文件夹用移动硬盘送总指挥部留存，作为兑现考核奖惩的重要依据。

## 附件4

### T县　　乡（镇、街道）已脱贫户信息核实承诺表

核实对象：　　　　　村组，户主姓名：　　　　　身份证号码：

| 一达标、两不愁情况 | 2017年人均纯收入是否达标（稳超3335元） | 两不愁是否保障 | |
|---|---|---|---|
| | | 吃 | 穿 |
| | | | |

| 四保障情况 | 医疗保障 | 是否参加新农合 | 是否达到医疗报销比例 | 是否有家庭医生签约服务 |
|---|---|---|---|---|
| | 教育保障 | 是否有因贫辍学学生 | 教育补助是否全部兑现到位 | |
| | 饮水保障 | 是否安装入户水管、水龙头 | 是否有稳定用水 | 是否干净清洁 |
| | 住房保障 | 住房是否安全 / 人均住房面积是否达标 | 两居改造是否彻底 | 易地扶贫搬迁户是否搬迁入住 |

| 综合判断 | 是否踩线脱贫 | 是否错评 | 群众是否认可 |
|---|---|---|---|
| | | | |

本人承诺：经本人入户核实，该户非贫困户已完全超出国定贫困识别标准（"一达标两不愁四保障"全部到位），如有不实、漏评等情况，本人愿意接受组织处理。

承诺人（签字）：　　　　　　　　　　承诺时间：201　年　月　日

注：1. 本表填写对象为已脱贫户，由帮扶责任人入户调查核实填写；

2. 在各项指标对应栏里填"是"或"否"；

3. 表中涉及的内容尚有未完成的，务必在×月×日前全部落实整改到位；届时由乡镇街道一线指挥部将本表收齐，以村为单位装订成册，并上报县脱贫攻坚大决战总指挥部备存，作为脱贫攻坚考核验收重要问责依据；

4. 踩线脱贫：指"两不愁·四保障"完全达标，但算账时农户家庭收入主要靠低保金支撑脱贫。

## 附件 5

### T 县　　乡（镇、街道）非贫困户信息核实承诺表

核实对象：　　　　　村组，户主姓名：　　　　　身份证号码：

<table>
<tr><td rowspan="2">一达标、两不愁情况</td><td rowspan="2">2017年人均纯收入是否稳定超过国定标准</td><td colspan="2">两不愁是否保障</td></tr>
<tr><td>吃</td><td>穿</td></tr>
<tr><td rowspan="4">四保障情况</td><td>医疗保障</td><td>是否参加新农合</td><td>是否达到医疗报销比例</td><td>医疗刚性费用是否影响正常生活</td></tr>
<tr><td>教育保障</td><td colspan="2">是否有辍学学生及辍学原因</td><td>教育刚性费用是否影响正常生活</td></tr>
<tr><td>饮水保障</td><td>是否安装入户水管、水龙头</td><td>是否有稳定用水</td><td>是否干净清洁</td></tr>
<tr><td>住房保障</td><td>住房是否安全</td><td>人均住房面积是否达标</td><td>"三治、三化"是否彻底</td></tr>
<tr><td>综合判断</td><td>是否漏评</td><td colspan="3">群众是否认可</td></tr>
</table>

本人承诺：经本人入户核实，该户非贫困户已完全超出国定贫困识别标准（"一达标两不愁四保障"全部到位），如有不实、漏评等情况，本人愿意接受组织处理。

承诺人（签字）：　　　　　　　　　承诺时间：201　年　月　日

注：1. 本表填写对象为非贫困户，由乡镇街道一线指挥部安排人员入户调查核实填写；

3. 在各项指标对应栏里填"是"或"否"；

3. 由乡镇街道一线指挥部将本表收齐，以村为单位装订成册，并上报县脱贫攻坚大决战总指挥部备存，作为脱贫攻坚考核验收重要问责依据。

# 第八章　贵州省迎接国家精准扶贫工作成效第三方评估重难点问题分析

2017年，贵州省赤水市顺利通过了精准扶贫工作成效国家第三方评估，实现了贵州精准扶贫工作迎接国家摘帽验收的"开门红"，其成果殊为不易也令人欣慰，但值得关注的是，赤水市的准备工作在客观上"占"了不少先机。这其中包括从省到市对于赤水市迎评工作巨大的资源投入，同时，赤水市本身农业条件较为优越，加之将全市力量充分调动，方能形成良好结局。总的来看，赤水市在迎接国家精准扶贫工作成效第三方评估的不少工作值得贵州省绝大部分地区学习，同时，也从客观上凸显出贵州不少贫困县甚至非贫困县对此仍存在不少问题，就其中的重难点问题来看，主要体现于以下方面。

## 一、意识层面问题

主要指县级或县级以下各相关领导干部，对于国家精准扶贫工作成效第三方评估所普遍抱持的思想意识问题。

### （一）存有"应试"心态

在课题组历次评估督查及调研过程中，每与地方政府各级干部接触，就精准扶贫工作成效第三方评估听到的声音大多是"过关""拿高分"，尤其是前者。在这种心态驱使下，不少地方领导干部在"迎评"过程中，往往容易产生"惧防"思维，"惧"是因为惧怕工作存在的问题大量被查出，或担心调查员业务不熟悉，轻率下不利结论，担心调查对象挑到问题户、上访户、不满户之类的"刺头"，影响整体满意度评价结果，故而采取防范评估来应对。其最终的"惧"与"防",实质都是担心被查出问题而受到上级责罚。为此,一些乡镇在迎评前或迎评过程中,不是把主要精力放在精准扶贫工作本身,而是抱着侥幸、突击、应付等消极态度,把注意力放在寻求与评估组专家拉关系套近乎上,放在掩盖问题和不足上、放在推卸和回避上。更有甚者,会在评估过程中派人干扰、误导调查员,或者直接找人冒充贫困户,试图哄骗调查。上述情况究其原因,主要还是部分基层干部对待第三方评估仍停留在简单的"考试"层面,未能真正把握其实质,故呈现出两种"不到位"现象:一是认识不到位,无法从政治高度来把握第三方评估的深刻内涵,仍习惯性将其视做类似上级检查或验收;二是行动不到位,在相关工作准备中,无法发挥或利用好第三方评估作为脱贫攻坚工作"指挥棒""质检仪"和"推进器"的重要作用。

**(二)存有"免试"心态**

这种心态主要存在于非贫困县(市、区),据相关资料显示,当前贵州省个别非贫困县的贫困发生率甚至有高于贫困县情况。课题组在一些非贫困县农村地区调查时也曾发现,虽然一些乡镇存在贫困村或贫困户,也配有驻村扶贫工作队,但由于县级党政没有"摘帽"任务,县相关部门及乡镇的扶贫工作力度就会相对薄弱、松懈得多,具体到村一级所获得的政策扶持力度则明显有限。如某非贫困县级市的 Z 镇 S 村,该村属 2 类贫困村,其村主任声称与驻村扶贫工作队"半个月也难得见一次面"。根据《考核办法》,国家第三方评估的对象是省级党委和政府,从基本逻辑上看,省级党委和政府所辖地域作为一个整体,其扶贫工作成效评估必定既会反映贫困县(区市)情况,也会反映非贫困县(区市)情况,可见非贫困县(区、市)对于"迎评"的松散态度,明显不利于其辖区内脱贫攻坚任务的圆满完成。以上情况究其原因,一是由于贵州省尚有艰巨繁重的扶贫任务,省级统筹的扶贫资源必然相对集中投放于66 个扶贫工作重点县(区、市),非贫困县的贫困村和贫困人口脱贫攻坚工作,在投入上更多只能依赖于其所属县级财政承担,导致投入相对不足形成一定的"灯下黑"现象;二是贵州省脱贫攻坚工作虽然均层层签订了"军令状",但 66 个扶贫工作重点县(区、市)的任务更为沉重,其党委和政府主要领导的责任和压力相对更大。加之根据 2016 年中办、国办发布的《脱贫攻坚责任制实施办法》所规定"贫困县党政正职不脱贫不调整、不摘帽不调离"原则，在客观上成为各贫困县党政正职必须全力抓扶贫的重要动力之一，而非贫困县党政正职却相对少了这一道"紧箍咒"。

## 二、管理层面问题

这里主要是结合各县级普遍的工作思路做法、相关运行效果，以及广大基层扶贫干部的基本状态进行相应分析。

### （一）公平与效率难于完全兼顾

经过多年的不懈努力，贵州省农村贫困人口相对集中于特定村寨的情况已较为少见，贫困人口呈散点、插花状分布已属常态，这在课题组历次评估及调查中也充分得到验证。很多村庄农户收入更多呈现出"两头小中间大"的态势，极贫或者堪称富有的农户均屈指可数，大多数贫困户与非贫困户的收入差距实际并不大，但在当前精准扶贫背景下，这两大群体间所享受到的待遇差别却泾渭分明，以致一些非贫困户或脱贫户容易出现因学、因病导致生活水平直线下降，甚至发生致贫或返贫现象，使得相当数量的"边缘户"或"门槛户"持续存在。首先，享受扶贫政策的"断崖效应"明显。面对许多非贫困户的实际困难，扶贫部门往往爱莫能助，因为国家有着精准帮扶的刚性红线，扶贫资源投向有着严格的规定，使大多非贫困村和非贫困户客观上无法享受到扶贫红利。但现实中却存在一些非贫困户的生存压力甚至超过建档立卡贫困户，这就是部分农户"争当"贫困户，或者对自己未评上贫困户心怀不满的重要原因之一。其次，"福利依赖"问题逐渐凸显。从全局讲，精准帮扶的原则毫无疑问，但从不少非贫困户视角来看，政府的管理思维已经由传统的"奖勤罚懒"向"厚懒薄勤"转变，因为农村普遍存在一类"因懒致贫"的特殊贫困户，如今他们却成为政府"优待有加"的对象，从而引起群众的普遍不满。另从事实上看，也的确存在部分人乐于享受当贫困户现象，甚至还发生过有贫困户为满足不合理私利而"要挟"扶贫干部情况。此外，"拆户施保"现象也与此类似，有些农户家庭把国家低保政策当成免费午餐，借机进行老人与子女分户，把赡养老人责任轻松甩给国家。

### (二) 帮扶资源难于实现均衡

精准扶贫实施以来，驻村第一书记、驻村扶贫工作队以及帮扶责任人制度在贵州省得到了很好的贯彻落实。根据相关规定，驻村扶贫工作队一般由省、市（州）、县、乡等各级部门公职人员协同构成，贫困户的帮扶责任人则主要来自于本县公职人员。值得注意的是，由于每一名帮扶人员的工作背景、职务有着明显的不同，其所能调动的扶贫资源差异往往较大，客观上由此使贫困镇村之间，贫困户之间，所获得的帮扶力度存有一定差异，造成事实上的结对帮扶供需不匹配问题，以及帮扶资源供给的非制度化和波动性明显。如帮扶人是县乡领导干部与帮扶人是普通小学教师能给帮扶对象带来的"好处"差别可谓一目了然，这种帮扶投入的差异性已经成为一些贫困户、脱贫户甚至非贫困户心态不平衡的重要原因，并最终可能会反映到其对于帮扶工作满意度的评价上。

### (三) 基层扶贫工作人员疲态明显

在屡次评估及调查中，各地乡（镇）、村两级办公场所扶贫人员穿梭繁忙的情形总令人印象深刻。"五加二""白加黑"现象相当普遍，各种信息更新、走访贫困户、填报材料、跑项目点以及迎接各种督查检查，对他们而言早习以为常。这种习以为常的背后则蕴藏着种种前所未有压力：项目进度的压力、考核的压力、与农户沟通的压力、家庭无法兼顾的压力等，随着时间的逐渐临近以及上级更加紧迫的督促，这些压力还在不断叠加，并严苛地考验着每一名基层扶贫工作者。此外，基层扶贫人员面临的现实经济压力也不容忽视。公车改革后，扶贫人员的用车矛盾越发凸显，一方面大量繁杂的走村串寨工作需要做，另一方面交通工具却成为一个客观瓶颈，对于一些占地面积广达数十千米的行政村而言，其工作难度更可想而知。由于工作所需，不少县、乡镇扶贫部门均新进了不少人员，但此类人员大多属于事业编制背景或者社会聘用人员，故无法享受到车改红利。此外，对于驻村扶贫工作队队员，以及工资收入本就不高的村干部而言，不管其"私车公用"使用量多大，也大多无"报销补助"途径。在此精神与经济双重压力之下，广大基层扶贫工作者往往还会面对部分农户对扶贫工作的不理解、不配合。种种压力之下，基层扶贫队伍中病倒者有之、借故调离者有之、焦虑和烦躁者更有之。中央《脱贫攻坚责任制实施办法》(2016)颁布后,标志着强化贫困县党政主要领导的任务和责任,确保县级核心领导层稳定的要求空前严厉,这对于引导各贫困县党政主要领导聚精会神、心无旁骛地搞好脱贫攻坚工作至关重要。随着县级决策层的稳定,工作部署必然保有较强持续性,工作强度也必然叠加,并会逐级传导至广大基层扶贫工作者,使其感受到前所未有的压力。值得注意的是,虽然《脱贫攻坚责任制实施办法》专门强调了奖惩结合的问题,但大多数县在客观操作上,往往呈现出重问责轻激励的倾向。

## 三、操作层面主要存在问题

根据课题组成员先后参与的省内第三方评估,以及近期省级相关督查检查中所反映问题分析,贵州省各待评县在"两率一度"及"一达标两不愁三保障"❶等重点评估内容,在操作层面易于出现的典型问题如下。

### (一)信息系统更新不及时,仍存在线上线下不一致情况

一是人口增减不符。存在因出生死亡、婚出婚进等原因,导致家庭人员变化未及时体现情况;二是个人基本信息不符。在贫困户登记卡、户口簿、国办信息系统之间,仍存在姓名、身份证号码等对不上情况;三是可支配收入统计出入较大。如有的土地入股分红、种苗补助、"特惠贷"入股分红没有统计在内,有的把政府临时性补贴、救助款和建房补贴等计入家庭收入,或是未兑现的资金提前计入收入,帮扶收入台账与实际调查有一定差距。

### (二)扶贫档案管理不规范,存在工作印证不完整情况

一是存在逻辑问题。如在申报、"两公示一公告"等具体时间上存在明显冲突的问题。在家庭总收入、生产性支出和可支配收入之间存在明显数字缺口问题。此外,在工作管理流程方面仍出现混淆、缺失问题;二是存在随意问题。乡镇层面,存在扶贫档案简单归类,存放零散,有的甚至尚未安排专职人

---

❶ 2017年,贵州省第十二次党代会将"一达标"(指农村建档立卡贫困户家庭年人均可支配收入稳定超过当年全国扶贫标准)和"两不愁三保障"正式确立为贵州省脱贫的基本标准,在定量的基础上还要实现定性目标,即在确保扶贫对象基本收入达标的同时,吃、穿、住及教育、医疗均能得到保障,要求贵州省在实施扶贫攻坚过程中,既要关注收入,又不能唯收入论,必须全面兼顾。

员管理，查询印证资料费时费力。村级层面，有的一户一档没有目录，有的纸质档案材料存在核心数据随意涂改现象，显得不够严谨规范。户级层面，关键支撑材料缺失较为典型，如找不到贫困户登记卡、脱贫告之书、产业帮扶合同等情况时有发生。

### （三）医疗扶贫措施未能全覆盖，存在因病返贫致贫情况

目前的"健康扶贫"行动仍有不少"盲区"，调查中常见一些农户家庭成员患有癫痫、类风湿、精神性疾病等慢性疾病，由于此类疾病一般无须住院，故医疗保险不予报销，又不属于大病救助范畴，但这类疾病的治疗费用往往动辄数千甚至上万元，占据患者家庭可支配收入的1/3乃至更高，医疗费用的不堪重负，极易导致返贫致贫风险增大。此外，还仍存在因相关宣传不到位情况，一些农户对于国家相关医疗保险、救助和报销政策知之甚少，导致错失享受政策的良机。

### （四）产业扶贫精准度欠佳，存在增收效果不明显情况

精准扶贫发展到今天，各地面上的产业发展势头虽总体良好，但在建立贫困利益联结长效机制上仍显乏力。评估及调查中常发现，多数农户脱贫或创收的主要途径仍是外出务工，此类工资性收入比重较高，不少本土发展的种养殖产业项目，由于市场主体小散弱，并伴有成本高、风险大、周期长等客观制约，加之短、中、长产业扶贫项目实施分布不均，导致不少地区的产业扶贫仅仅"看上去很美"，并未释放出预想的红利。另外，不少地区虽然实施"三变"改革，或推广"特惠贷"等金融扶贫政策，但其带富能力仍然有限。此外，一些地方政府部门在推进产业扶贫时也表现出简单化倾向，如有的村没有根据实际制定贫困户脱贫计划，并结合贫困户的发展愿望和技能特长制定脱贫路径，因村因户施策实招不多，导致部分脱贫户及贫困户抗风险能力弱。

### （五）培训宣传力度不够，存在帮扶责任落实不到位情况

在评估或调查过程中，我们时常会遇到村民"告状""诉苦"场面，会反映诸如不知道村民评议会，不知道"两公示一公告"，不知道贫困户识别、退出的基本程序，也不知道驻村第一书记与村支书有何区别等情况，有的人甚至会对扶贫政策、扶贫措施存在不满和抱怨，其理由多是认为镇村干部不公，甚

至会提出自己或某村民应该被评为贫困户或低保户。但通过相应核查，却发现真正漏评个案却较少见。此外，部分贫困户对于精准帮扶工作也存在不少认识理解误区，如有的农户对于"特惠贷"仍心存犹疑，担心风险太大而主动放弃宝贵机会。有的则不明白国家"扶上马送一程"的精准退出基本政策，担心"签字画押"退出后再无缘享受优惠政策，所以会出现设法隐瞒实际收入等情况。究其原因，大多仍是由于部分帮扶干部、村组干部对扶贫政策精神吃不透，宣传解读能力有限，有的责任意识不强，一些帮扶责任没有落到实处等。

# 第九章 对策建议

国家精准扶贫工作成效第三方评估对于各县扶贫工作而言，属于"收官"冲刺阶段，是各县通过几代扶贫工作者多年不懈努力后，最终把自己的扶贫成果呈现在全社会面前的重要时刻。迎接国家级第三方评估准备工作，是一项严肃的政治任务，需要我们着眼全局、系统筹划，积极做好各方面准备工作。

总而言之，国家精准扶贫工作成效第三方评估仅具有"质检仪"功能，并非脱贫攻坚工作终极目标，更不意味着通过后即万事大吉。脱贫攻坚工作实质上并无捷径可言，只有牢牢把握扶贫工作成效与质量，认真落实党的十九大精神、2018年中央经济工作会议精神，以及省委省政府近期各项重大部署，始终秉持"抓铁有痕、踏石留印"的决心和实干，方能拿出经得起历史和人民检验的各项扶贫成果。

## 一、以三大"坚持"推动脱贫攻坚工作质量不断提升

关注扶贫质量，已经成为2018年扶贫攻坚工作的关键词。根据2018年中央经济工作会议上所专门提出，"建立稳定脱贫长效机制"，"促进脱贫提质增效"，"瞄准特定贫困群众降准帮扶，激发贫困人口内生动力"等重要指示精神，课题组认为，当前可从以下三个方面进一步巩固、提升贵州省各地脱贫攻坚质量。

### （一）坚持以乡村振兴战略为导向，大力提升脱贫攻坚质量

党的十九大以来，我国"三农"工作实质已进入扶贫攻坚工作与乡村振兴战略同步推进的时期。实施乡村振兴战略，是以习近平为总书记的党中央从全局出发，着眼于实现"两个一百年"奋斗目标，顺应亿万农民对美好生活向往

所做出的重大决策。显然，这是党中央站在新的历史高度，对全党全国前所未有地发出的重农强农信号。

首先，应以乡村振兴战略为导向，推动扶贫成果的巩固提高。进入2018年，贵州省脱贫摘帽的县（区、市）必然逐渐增多。大量已脱贫，以及刚脱贫的乡村均面临着巩固扶贫成果、提高脱贫质量的现实需求。为此，必须充分把握乡村振兴战略重大契机，积极围绕"产业兴旺、生态宜居、乡风文明、治理有效、生活富裕"的原则，深入推进扶贫攻坚工作保质增速。一要大力倡导走质量兴农之路，积极推动农业供给侧结构性改革，培育好新型农业经营主体，通过社会化服务和订单农业等方式促进农户个体与现代农业发展的衔接，特别是要千方百计促进农业合作化建设，以农业合作化的多样性和优质性推动脱贫攻坚工作不断从"打赢"向"打好"转变。二要努力发掘各地农村优秀文化传统，并有序引导乡土人才的回归及培养，推进乡村治理机制创新，将乡村自治传统、德治文化和法治理念充分融合，实现农村一二三产业融合发展，进而实现乡村善治。

其次，应以乡村振兴战略为导向，不断校准帮扶工作精准度。脱贫攻坚工作作为维系乡村振兴战略成败的关键一步，也必然需要紧密遵循、呼应乡村振兴战略的宏观导向性作用。关注农业生产质量与农村发展质量是乡村振兴战略的核心要义，也正是脱贫攻坚工作不断校准、提升帮扶精准度的关键着力点。为此，一要正确处理好脱贫与增收的关系。应充分结合当地资源，有效组织广大贫困户共同参与，积极丰富拓展"三变"等有效模式，大力构建资产收益扶贫长效机制，使各种扶贫资源转化为扶贫资产，并推动金融资本和社会资本参与产业扶贫，兼顾"扶眼前"与"扶长远"，不断做强做大比较优势明显、市场前景好的特色产业项目，从根本上确保农民稳定增收。二要正确处理好脱贫与农村社区自我发展的关系。彻底摆脱贫困，必然依靠扶贫对象内生动力的培养，狠抓"志""智"双扶。为此，应充分重视并助力农村社区内部致富带头人、能人等"乡贤"式人物的带动示范作用，使其能逐步成为农村社区脱贫、减贫的骨干力量。此外，还应以推进"乡风文明"为抓手，通过制定新的村规民约引导移风易俗，通过实施有效的文化惠民活动及职业技术教育活动打造新型农民，不断引导贫困对象能由内而外地增强对脱贫致富奔小康的参与感和认同感，进而有效推进乡村社区发展。

**（二）坚持以"四大硬仗"为抓手，切实提升脱贫攻坚质量**

2017年8月底，贵州省委省政府向全省发出"2017年脱贫攻坚秋季攻势行动令"，要求贵州省重点打好基础设施建设、异地扶贫搬迁、产业扶贫和教育医疗住房保障"四大硬仗"，这是贵州省委省政府为深入贯彻习近平总书记在深度贫困地区脱贫攻坚座谈会上的重要讲话精神，在当前和今后一个时期，对贵州省深度贫困地区脱贫攻坚工作作出全面部署并发起总攻的标志。

第一，关于基础设施建设硬仗。应继续抓好"四在农家·美丽乡村"基础设施建设六项行动计划，积极解决贫困乡村尤其是少数民族特困乡村的水、电、路、讯等发展瓶颈制约问题。同时，着力于抓好"政策设计、工作部署、干部培训、监督检查、激励问责"五个环节，按照"省级统筹、分级承贷、分年筹集"基本要求，鼓励各地因地制宜进一步创新融资模式，深入推动"组组通"公路建设三年大决战活动，特别要按照"四好农村路"建设要求，把公路建好、管好、护好、运营好，全面提升贵州省农村公路通畅率，从根本上改变农村人口出行质量。

第二，关于产业扶贫硬仗。发展产业是贵州省贫困农村地区稳定增收、实现脱贫的根本之策，各地应把产业扶贫机遇和乡村振兴战略机遇牢牢结合，充分整合政策、金融、帮扶等资源，集中力量加快特色优势扶贫产业大发展，灵活创新思路，努力补齐产业链短板和薄弱环节，不断在产品标准及地理标志保护等方面强化配套保障支撑，持续创新产销衔接机制和利益关联机制，推动贵州省绿色优质农特产品"量"与"质"双优双赢，不断夯实贫困群众持续增收、稳定脱贫的基础。

第三，关于易地搬迁扶贫硬仗。这是贵州省脱贫攻坚的"当头炮"，按照2019年贵州省省应搬迁人口全部迁入新居的计划，目前贵州省的任务仍很艰巨。为此，应按照孙志刚同志所提出"搬不了就通，通不了就搬"的基本思路，将移民搬迁与组组通道路建设密切结合，实行双措并举，并坚持以岗定搬、以产定搬，坚持城镇化集中安置，坚持以县为单位统一建设，用足用好城乡建设用地增减挂钩政策，落实好就业扶持政策，特别要大力推广"五个三"改革配套经验，并切实抓好搬入地经营性公司、小型农场、公共服务站"三个场所"的建设，持续增强搬迁群众的安全感、归属感和幸福感，确保其搬得出、稳得住、能致富的基本目标得以实现。

第四，教育医疗住房"三保障"硬仗。必须全力抓好教育扶贫行动，除继续对农村建档立卡贫困家庭学生上高中、大学免除学杂费外，还应密切关注"门槛户"子女教育负担问题，应及时对相关"高危"对象制定应对、防范机制，确保因学致贫、因学返贫现象不再出现。此外，应加快推进农村贫困劳动力全员培训和上岗就业，努力实现"培训一人、就业一个、脱贫一户；创业一人、带动一片、激励一方"工作目标。要扎实抓好医疗扶贫行动，医疗保障是农村贫困治理中的"顽症"，必须深入推进基层医疗卫生服务能力三年提升计划，持续强化对传染病、多发病、流行病预防控制工作，并积极探索创新对策措施，进一步强化大病集中救治、慢病签约服务管理、重病兜底等管理措施，并积极构建好针对全体农村人口的合医、救助、爱心基金等多重保护网，力求使因病致贫、因病返贫现象不发生或少发生。最后，要以"美丽乡村""乡村振兴战略"等契机，大力推进农村危房改造，推动贵州省农村住房达到基本安全质量标准，此外，应认真加快"三改一化"治理步伐，推动民居环境治理进程，切实改善贫困群众的基本卫生条件等。

**（三）坚持以作风建设为依托，根本改进脱贫攻坚质量**

扶贫工作作风是确保扶贫工作质量的基础，从长远来看，也必然影响乡村振兴战略全局。基于此，一要进一步强化引导基层各级扶贫干部自觉对照乡村振兴战略总要求，在扶贫策略、产业项目选择、扶贫增收渠道拓展，以及相关各项宣传教育方面自觉求真务实，认真执行"既不降低标准，也不吊高胃口"的要求，防止一味讨好扶贫对象，助长"过度福利"，以及"垒大户""搭花架子"等虚假冒进、华而不实现象出现，确保宝贵的扶贫资源能用在刀刃上。二要强化各项相关规定和制度的落实。根据中央要求，2018年是脱贫攻坚作风建设年，各级基层扶贫部门应紧紧围绕《关于解决扶贫工作中形式主义等问题的通知》，以及《关于进一步克服形式主义减轻基层负担的通知》等各项要求，紧盯"四个意识"不强、责任落实不到位、工作措施不精准、工作作风不扎实、资金管理使用不规范、考核监督从严要求不够等重点问题，狠抓纠正四风问题。此外，各市（州）还应在扶贫干部培训、驻村帮扶工作机制、县级脱贫攻坚项目库建设等方面着手，不断探索健全治理的长效机制等。

## 二、以三个"注重"统领迎评工作全局

### （一）注重强化正确迎评工作意识

首先，要进一步强化各级领导干部牢牢树立脱贫攻坚是头等大事和第一民生工程的大局意识，认清迎评工作在贵州省范围内具有"一荣俱荣、一损俱损"的重大关联，贵州省各县（区、市）均必须积极行动起来，切实履行"完不成任务提头来见"的责任和担当。其次，要进一步引导广大基层扶贫干部必须以正确积极的态度对待迎评工作，坚决丢掉幻想、放弃侥幸，以积沙成塔的勇气，始终保持"迎评"定力，切实从分内的每一项工作、每一个细节做起，最终以令人信服的努力来获得群众认可，并经得起第三方评估验证。

### （二）注重理清总体迎评工作思路

第三方评估作为一项全新的考核工具，必然会对广大干部原有的思维习惯形成较强冲击，对评估产生恐惧或轻视心理皆不可取。为此，各县应尽快统一认识、理顺思路，以周密、扎实的步调来做好各项迎评准备。一要从逻辑性、规范性等方面入手，积极完善相关工作模板，使广大基层部门有规可依、有章可循；二要坚决做到一切工作为脱贫攻坚让路，抓紧对部门、人员、资源等进行再梳理、再整合，进一步划分、理顺相关工作职责，切实化解推诿扯皮风险，努力形成扶贫合力最大值；三要认真研究总结迎评工作中可能会遇到的问题和风险，制定出系列应对机制，力争避免在处理突发事件时茫然失措；四要根据第三方评估的访谈特点，努力细分工作对象，使其相应困难、问题或呼声能得到更快速应对，并使相应解疑释惑工作及政策宣传工作更有针对性和有效性。

### （三）注重营造良好迎评工作氛围

应高度重视迎评工作中的基层扶贫干部士气问题。一要推出更多举措，正

确处理好问责与激励的关系。广大基层扶贫工作者是推动各地脱贫攻坚工作的根本依靠力量，一定要高度重视他们常年满负荷的辛劳和付出，建议在严格执行《贵州省脱贫攻坚问责暂行办法》的同时，在既有激励考核措施的基础上，出台更多能惠及广大扶贫工作者的倾斜性政策，使他们在工作中能感受到政治发展有机会、物质利益有提升。二是要大力开动县级宣传机器，形成鲜明的扶贫舆论氛围。最后冲刺阶段，靠的是战斗在一线的扶贫人员一点一滴极为具体的工作效果，县级报纸、电视、微信平台媒体应更多地聚焦于他们身上，大力宣传报道普通、可复制的基层扶贫人的先进事迹，从精神上进一步增强基层扶贫工作者的参与感与荣誉感，营造出"比学赶超"的良好扶贫工作氛围。

### 三、以五种"强化"深入扎实做好各项准备工作

#### （一）强化把握问题导向，着力改进工作"短板"

"突出问题导向、专查边边角角、专查薄弱环节"是国家第三方评估工作的显著特点。各地应抓紧围绕体现精准扶贫、精准脱贫工作的"两率一度"和"一达标两不愁三保障"进行反复对照排查，对所发现问题及时采取措施。重点包括：一是要狠抓扶贫信息动态管理水平。必须加快建设贵州省统一的扶贫数据库和数字化精准扶贫全业态应用系统，尽快搭建扶贫信息发布与互动救助平台，推动精准识别、措施到户、项目安排、资金管理、精准退出等机制在管理水平上迅速提高，实现扶贫济困等行动能切实快速、精准到位；二是要尽快制定高标准、规范化的建档立卡资料模板，将制定档案资料的基本内容、格式、装订方式进行统一规范；三是要针对农户收入账中易于出现的虚报、瞒报现象，抓紧制定完善应对佐证机制；四要从"三保障"等典型性问题入手进行全域性排查，重点对"水、电、房、三改、教育、医疗、米缸存粮、衣柜衣服"和村寨环境卫生、基础设施、产业联结、政策宣传等开展大排查，并着重核查非贫困户中的低保户、残疾户、五保户、CD级危房户、易地扶贫搬迁户和其他存在隐患的"边缘户""门槛户"，确保不漏评及错退漏退一人。五要狠抓精准施策，全面落实帮扶措施，切实做到不留工作死角。如针对医疗保障问题，各地应结合实际积极探索商业保险、财政兜底、救助基金等多重医疗保

障体系，确保"健康扶贫"落实到位。又如针对产业扶贫问题，应重点根据贫困户信息、资金、技术均欠缺，以及抗风险能力弱的普遍实际，抓好规划、整合资源，着眼市场并立足特色，探索多种产业合作模式，切实推动贫困户稳定增加收入等。

**（二）强化协调发展思维，引导扶贫资源得以兼顾公平**

看民生、访民情、问民意，调查访谈对象面向全体农户，这是国家第三方评估的基本工作形式，实质也是落实"全面小康一个都不能少"重要体现。扶贫攻坚工作决不能只盯着"线内"贫困户，必须以实事求是的眼光，对更多的农户投以人文的关怀，不断推动农村社区整体协调发展，这才是"消除贫困、改善民生、逐步实现共同富裕"的题中之意。第一，要从防范漏评、错退风险入手，建立包括"边缘户""门槛户"为重点的动态管理台账，并进一步细分各户因学、因病致贫返贫的风险，并随即展开相应帮扶救助措施，这不仅是降低贫困发生率的重要手段，也是地方政府主动平衡资源分配不公，努力缩小农户间心理落差的重要途径；第二，要通过发展产业扶贫，实现共同致富。要以壮大农村集体经济促进农民增收为出发点，出台一系列包含贷款、培训等鼓励性政策，引导广大农户都能广泛参与并得到实惠；第三，要推进基础设施建设的平等化进程，特别在水、电、路等公共产品建设上，应努力采取一视同仁的态度，使农村居民都能平等地享受到政策的阳光。

**（三）强化培育内生动力，营造健康积极的扶贫长效机制**

习近平总书记多次强调："培育内生动力，扶贫要同扶智、扶志结合起来。"扶志以达自强，扶智以达自立。也正如习近平总书记所指出："没有内在动力，仅靠外部帮扶，帮扶再多，也不能从根本上解决问题。"扶志，关键是要彻底拔出"等、靠、要"思想穷根。扶智，就是授之以渔，让贫困户都获得发展的能力。扶志与扶智，犹如构成内生动力的两翼，只有两翼健全，才能确保扶贫工作成效稳步提高。第一，要进一步发挥战斗堡垒作用，加强党的农村基层组织建设，鼓励乡村本土优秀人才更多地参与到村支两委工作之中，成为党在农村可靠的政治代言人和致富带头人，能以良好的榜样和示范作用，带领当地群众彻底抛开"等、靠、要"，撸起袖子加油干；第二，要引导各级扶贫干部摆正扶贫观，以"绣花功夫"般的耐心来扎实推进脱贫攻坚工作，并把"思想扶贫"贯穿于一切扶贫思路和行动之中，切实避免揠苗助长。同时，要探索途径、把握时机，积极通过群众会、院坝会、评议会等形式，在群众舆论中牢牢树立"贫困不可耻，争当贫困户才可耻"的观念，并坚决打击一切无理"争当贫困户"现象，营造出积极健康的脱贫攻坚民意环境；第三，在扶贫过程中，引导好广大基层扶贫干部，充分尊重扶贫对象自我发展的主观作用，保护扶贫对象在扶贫项目实施中的参与感、获得感，同时，还要通过发展种养殖产业、劳务输出等多种途径，为扶贫对象提供更多的技能学习机会，使其持续增强发展信心，提高发展能力；第四，要坚持把"教育扶贫"作为治本之策，不仅要继续重视贫困户、脱贫户家庭子女的教育问题，也要建立灵活机制，密切关注非贫困户家庭同类情况。要在减免农村在读高中生学杂费、保障农村贫困寄宿生生活补助、对"两后生"参加中高职教育实行补助等方面多出真招实招，切实化解农村人口因学致贫、因学返贫风险。

**（四）强化正面宣传引导，积极化解部分群众不满情绪**

习近平总书记曾多次强调："要把人民拥护不拥护、赞成不赞成、高兴不高兴、答应不答应作为衡量一切工作得失的根本标准。"得民心者得天下，人心向背是检验政策实效的"试金石"。群众的认识理解程度，是对各项扶贫政策"口服心服"的关键，也是推动扶贫攻坚工作持续产生实效的基础。第三方评估关注"满意度"或"认可度"，其实质是考察老百姓对当地扶贫政策落实的"服气"程度。对此，应积极扩大扶贫政策相关正面宣传作用，切实解疑释惑，努力排除老百姓因误解而产生的消极不满情绪。第一，宣传清楚"扶持谁"。这是涉及精准识别准确率的基础，应把国家贫困线划分标准，以及把"两不愁、三保障"基本含义阐述清楚，同时，介绍清楚精准识别"两公示一公告"基本程序，以及"应扶尽扶"和"应保尽保"的基本扶持政策，让群众明白"贫困户""低保户""低保贫困户"的基本划分原则；第二，宣传清楚"怎么扶"。这是涉及是否精准帮扶的关键，应介绍清楚国家针对不同贫困类型所展开的相应扶贫政策，如"五个一批""特惠贷"等重要扶持措施说要求的相关条件和操作路径，切实增强群众对项目投向的知情权；第三，宣传清楚

"谁来扶"。这是涉及群众对驻村工作认可度、满意度的关键，应介绍清楚驻村工作队、驻村第一书记和帮扶责任人的基本职责，让群众进一步了解驻村工作队和第一书记"干了些什么？"和"可以干什么？"；第四，宣传清楚"谁应退"。这是涉及精准退出准确率的基础，为此，应着重围绕国家"精准脱贫"的基本标准，将与此相关"两公示一公告"的基本程序，以及国家"脱贫不脱政策"的基本含义介绍清楚。总而言之，进行扶贫宣传的过程中，其实是增进干群互信，化解误会矛盾，提高工作效率的重要过程。这个过程重在实效，切忌花哨繁琐。可利用大量现成工具展开，如宣传栏、黑板报、宣传画、广播电视、手机短信、微信公众号等形式。同时，还应利用驻村工作队及帮扶责任人通过走访拉家常等形式，对脱贫户、贫困户、低保户和普通农户进行有针对性的宣传引导。

### （五）强化构建扶贫合力，以多重力量纾解帮扶供给差异

农村贫困治理工作始终是一项综合性要求极高的系统工程，针对扶贫工作中常见的供需不匹配、不均衡问题，必须积极探索多种途径，着力于各方扶贫力量的整合与提高，以实现扶贫资源的均衡和有效投放。第一，要强化对基层扶贫队伍的有效管理。要进一步通过完善相关考评机制，狠抓日常管理，严格奖惩等措施，推动驻村工作组、第一书记与所在地村支两委密切配合，切实提高帮扶效率，切实改变村民对驻村帮扶工作的了解和认同。同时，要进一步创新机制提高对各帮扶单位的统筹力度，根据各帮扶单位的资源特点、职能划分及人员专长等因素进行合理搭配，确保帮扶的力度及效果持续释放；第二，要积极推进联合帮扶机制的构建和完善。县级应结合教育、医疗、饮水、住房等工作重点，责成各相关职能部门负责，抓紧建立健全与"两不愁三保障"相适应的专项扶贫机制，形成多个职能帮扶主体，切实解决扶贫资源不均衡问题，并重点针对现有帮扶力量不能有效满足需求的贫困村和贫困户，以进行适时补位并精准施策，确保因村因户扶贫工作成效更为明显；第三，关注农村"边缘户""门槛户"甚至普通农户生存状态，通过建立灵敏的动态监测网络，跟踪把握各户返贫致贫重大风险源，及时对农户反映、村委报告、驻村工作队反馈等各类信息进行分析判断，并迅速采取处置化解措施，尽力避免因学、因病、

因灾致贫返贫现象。为此，除利用好各专项扶贫机制功能外，还应积极鼓励社会力量如保险、企业捐助、公益基金等的积极参与，构成多元化精准帮扶机制；第四，尽快从省级层面改进对非贫困县脱贫攻坚工作投入的省级层面"二次顶层设计"，切实加大政策、资金、人力资源等方面投入力度，强化对非贫困县脱贫攻坚工作的检查督查力度，推动非贫困县的贫困村、贫困户享受无差别待遇。同时，还要在税收、补贴、土地等方面制定具体政策，大力鼓励社会、企业和个人等多种主体积极介入非贫困县扶贫事业，以实际行动弥补近年来对非贫困县脱贫攻坚工作投入的不足。

## 四、以四项"强调"应对评估工作过程

### （一）强调阳光应对，注意全面掌握动态情报信息

阳光应对，是指在不违背任何国家第三方评估工作纪律要求的前提下，以支持配合评估工作为出发点，所展开的预备性基础工作。其目的是能为评估组可能提出的一系列问题清单，做出理性、快速、准确的反应或解答，以最大限度还原事实真相，从而帮助第三方评估工作人员减少无谓精力消耗，提高工作效率。首先，要从大数据动态分析入手，扎实摸清"家底"。从扶贫云及乡镇层面网络管理入手，对辖区所有农户进行身份细分和情况摸底，并对各户的家庭情况、收入情况、享受政策情况甚至其以往有何诉求和不满的情况等，均做好动态跟踪记录，并针对一些可能会带来疑问风险的农户收集整理出更为详细的佐证材料，以备评估人员查询；其次，注意有效控制工作局面，保持正常心态。对于迎接国家第三方评估，应坚持正面而平和的宣传，不能在群众中人为制造紧张空气，更杜绝弄虚作假或形式主义，或引导群众表演式作答，以免弄巧成拙、贻误大局。

### （二）强调守土意识，引导各级责任人进入迎评准备

各县的第三方评估结果直接影响贵州省扶贫工作成效考核大局，必须秉持"荣辱与共"的大局观念，要求各级干部在迎评过程中，本着为历史负责，为人民负责的使命担当，高度集中精力、高度履行职责，形成"人人有责、人人担责、人人尽责"的全体动员态势，坚决杜绝侥幸和盲目乐观等不良意识，保

持迎评定力。首先,要切实把工作做细,靠实干赢取民心。第三方评估调查主要采取"背对背"入户访谈的方式展开,其所关注内容可以随机延伸,因此,任何侥幸和大意都不可取。基层扶贫工作者在行使职责过程中,要全面掌握辖区所有农户情况,并力求百分之百走访到位,在全面落实系列帮扶措施的工作过程中始终做到精准到位,决不能留下死角或空白,确保应扶尽扶的帮扶措施不漏一户一人;其次,要抓住重点,避免无谓"丢分"。第三方评估对漏评率和错退率的达标要求是不能超过2%,对扶贫工作认可度或满意度的达标要求是90%以上,贫困发生率则必须低于3%。围绕于此,最后迎评冲刺阶段应重点关注以下对象:建档立卡贫困户、疑似漏评错退户、曾经进入建档立卡系统的脱贫户,各类不符合建档立卡要求,但又有现实特殊困难的"边缘户"、收入水平离贫困线较近的"门槛户",以及对当地党委政府持有意见的农户等,要通过细致入微的深入走访,特别是要紧盯其帮扶措施是否准确到位并产生实效,紧盯其基本诉求是否可以妥善解决。此外,还要密切关注农户中一切涉及"两率一度"和"一达标两不愁三保障"红线的苗头性、倾向性问题,并及时予以处置;最后,树立强烈的补位意识,要明确要求广大基层干部不仅能各负其责,而且还要眼观六路耳听八方,随时解决或上报工作中所发现的扶贫问题或群众集中反映的问题。为此,可考虑建立农村基层扶贫干部"日报告"制度,并通过QQ群和微信群等形式加快信息的及时交流等。

**(三)强调沟通技巧,增强解疑释惑的反应能力**

重视沟通,绝非掩盖和误导,更不能制造干扰,而是力求以简洁、明了的形式有效配合调查员工作,使其能快速获得所需信息,进而提高工作效率。首先,要培养各级干部坚持客观解答的意识。第三方评估组将会就所发现问题列出清单,并要求地方各级干部配合核实。在这个接受调查员访谈或质询时的过程中,各级干部应该保持清醒头脑,本着实事求是的态度,知之为知之不知为不知,不回避、不夸张地从自身工作角度做出解释,或积极提供相关佐证信息。为此,还应加强纪律,严防"文过饰非、歪曲事实"和"事不关己高高挂起"两种不良心态出现;其次,要注意提高解答效率。各乡镇可适当对辖区内相关可能发生情况进行预判和掌握,并建立健全快速反应机制,力求能及时、准确地对相关佐证材料及支撑信息充分整理并呈现出来。为此，应尽可能采用照片、实物、档案文书证明，减少口头解释；能用知情人（如帮扶人）解释就不必用其他人解释；能提供邻里旁证就不必用村干的单纯言语解释等，其目的是为尽力增加可信度，提高释疑效率。

**（四）强调熟悉程序，适时引入第三方督查评估**

第三方评估具有相对规范的程序或问卷，其问卷设计主要是围绕"两率一度"和"一达标两不愁三保障"等关键问题展开。因此，可以通过一定训练形式，使广大扶贫基层工作者进一步熟悉其评估方式、评估特点，从而能主动适应这种新型考核方式。首先，县内各种相关督查和交叉检查，应重点结合国家第三方评估问卷形式展开，通过自查自纠，不断反复筛查各乡镇及村在"两率一度""一达标两不愁三保障"等方面还存在的具体问题，以便抓紧整改，从而实现以评促建的目的；其次，可邀请县外专业团队进行第三方督查评估，"不识庐山真面目，只缘身在此山中"，由科研院所或高校专家组成的第三方评估团队，具有丰富的专业知识和完整的评估工具，且与乡镇各地无任何利害关系，故其观察视角、评价效果较之县内自查而言，会更为客观、准确。同时，也会起到增强各乡镇在迎评中"临战"意识的作用，促使各乡镇更加谨慎地对待评估过程及其结果。

# 结　语

国家精准扶贫工作成效第三方评估于贵州省而言，可谓一项全新的挑战。如何牢牢把握其深刻内涵特别是重难点问题，并通过对其运行机理的理解和掌握来举一反三，进一步查补贵州省各地精准扶贫、精准脱贫工作中的各类短板，确保贵州省到2020年与全国人民一道同步跨入小康，其意义无疑重大而迫切。目前，西部不少省区已纷纷展开行动，加大了对第三方评估工作的研究力度。对此，贵州省也绝不能延迟，必须尽力加快相关工作的省级层面引导步伐，推动相关信息、方法在贵州省范围内的交流应用，抓好对每一个相关县的督查指导，进而形成步调高度统一的贵州省迎评"一盘棋"态势，这应是推动贵州省各地圆满完成国家精准扶贫工作成效第三方评估考核验收任务的必由之路。

此外，从学术研究角度看，目前国家精准扶贫工作成效第三方评估运作机制仍有不少值得商榷或探讨的地方。如关于"如何评"的问题。当前的评估形式主要是一种事后性评估，其客观性可能会被一些"突击性措施"所掩盖，可否探索不同时间节点（如事前、事中、事后）结合的评估方式？这样有利于提前纠偏、以评促建；再如关于"评估什么"的问题。当前评估所采用的问卷在内容和指标设置等方面，据各方反馈，其仍有一定复杂性，使得调查员无法简明操作，同时也易于产生误差，能否在现有指标体系设置上进一步调整？以提高其科学性和简明性；还有是"谁来评"的问题。目前，国家精准扶贫工作成效第三方评估的主力并非来自于长期从事研究我国"三农"问题的科研部门，因此，其专业背景及所采用的技术路线能否与各地农村实际贴合也是一个值得关注的问题。以上问题，我们已与贵州省内外相关专家进行过深入讨论，并拟在下一步的研究中展开合作，力争向有关决策层提出相关改进性建议。

# 附录

# 附录1　M县扶贫工作成效省级第三方评估的调查报告

## 一、评估工作背景

### （一）指导思想与评估目的、任务

1. 指导思想

以党的十八大以来，中央关于精准扶贫、精准脱贫系列重大部署和文件精神为根本依托，密切结合《贵州省扶贫开发建档立卡工作实施方案》（黔扶领办通〔2014〕4号）、《贵州市县两级党委和政府扶贫开发工作成效考核办法》（黔委厅字〔2016〕26号）、《贵州省扶贫对象精准识别和脱贫退出程序管理暂行办法》（黔委厅字〔2016〕35号），以及其他多项重要文件规定，严格按照省扶贫办具体要求，以严谨、公正的态度切实履行职责，做好本次第三方评估工作。

2. 评估目的和任务

本次评估拟按照国家第三方评估基本程序展开，旨在为市县两级党委和政府扶贫开发工作考核查漏补缺、积累经验、做好整改，做好全面迎接国务院第三方评估准备。具体任务：一是结合国家考核围绕目标区域的精准识别、精准帮扶、精准脱贫工作及与此相关的准确率、知晓率、满意度等多项指标测评；二是按照省级考核指标以"五个一批""十项行动"和扶贫工作管理为主要内容展开相关测评。"国标""省标"两者以双百分考核模式同步进行。

**（二）受评对象**

1. 受评县、镇、村

根据省扶贫办统一工作部署，M县被列为本轮第三方评估目标县（市）之一，M县东河镇石家寨村、大兴镇湄江湖村和永城镇星联村被列为M县具体抽样村。

2. 验收样本户

本次对M县精准扶贫工作评估入户调查的计划样本总量是120户，实际调查总量为122户。具体包括3种类型：已脱贫贫困户（2014—2015年脱贫）、2016年计划脱贫户和计划2017年后脱贫贫困户（见表1）。由于调查期间正值农忙时节，加之又是国庆节假日，外出打工、忙于农活或者走亲访友的评估对象不在少数。限于时间安排，调查对象是否在家的准确信息主要依赖村、组负责人协助确认。此外，我们还通过两名调查员采取随机访谈形式，流动走访目标区域的上述各类贫困户及非贫困户达10多户，并特别重点关注村组干部"遗漏"的在家样本对象，力求获取更多信息。当然，由于此类访谈的随机性和非正式性，并未严格按照问卷进行，所以未纳入验收样本户计算，但却是下一步相关定性类分析评估的重要佐证。

表1 M县精准扶贫评估验收样本户分布（单位：户）

| 调查样本类型 | 已脱贫户 | 2016年计划脱贫户 | 计划2017年后脱贫户 | 合计 |
| --- | --- | --- | --- | --- |
| 数量 | 45 | 53 | 24 | 122 |

**（三）评估程序与工作思路**

1. 评估程序

首先，召开见面会。与M县委政府领导、相关部门和各乡镇负责人见面，由评估组长介绍本次评估的目的、内容和要求并现场宣布具体受评镇、村名单；其次，开展具体调查。整个过程采取内业、外业双线作业同步推进形式展开❶。并注重整个调查过程各方调查人员随时交互信息，以便发现问题及时配合核实；再次，召开反馈会。向被评估县相关领导和部门初步反馈评估结果，促其迅速开展相关改进工作；最后，评估组向贵州省扶贫办提交正式评估报告。

2. 工作思路

本次评估的工作思路是"以评促建"，即通过操作国家第三方评估程序，对该县精准扶贫工作展开全方位考察，并着力于查找其目前在推进精准扶贫工作中所存在的问题和不足，进而提出相应对策帮助其尽快整改完善，确保以优秀成绩顺利通过"国评"。基于此，本次评估将坚持以政策为准绳、细查为手段、客观为视角、问题为导向、改进为重心，全面严谨地对该县的精准扶贫、精准脱贫工作展开深入梳理。具体而言，将依照内外业双线并行调查原则，严格围绕贫困识别四个"准"（识别标准要"准"、识别程序要"准"、识别纠错要"准"、动态管理要"准"），精准帮扶四个"真"（年初标示要"真"、年中帮扶措施要"真"、年底脱贫成效要"真"、准村工作要"真"），脱贫退出四个"实"（退出标准要"实"、退出程序要"实"、脱贫退出档案资料要"实"、背书制度要"实"），贫困退出验收"六问"（一问帮扶责任人是否到位、二问帮扶措施是否精准、三问脱贫退出是否达标、四问退出程序是否规范、五问贫困群众是否认可、六问档案资料是否齐全）、"六环节"（村民小组提名→村两委和驻村工作队核实→拟退出贫困户认可→在村内公告无异议后公告退出→报乡镇人民政府核准→签字背书确认并销号）的总体要求，对贫困样本户就精准识别、精准帮扶、精准退出的逻辑关系来测量相关准确率、知晓率和满意度等，从而获取到该县精准扶贫工作现状实质，并进而提出相关可行性对策建议。为达此目标，我们将组织全体调查员展开多轮讨论学习，统一认识、规范尺度，确保每份问卷调查的有效性。此外，我们还将通过对扶贫人员、镇村

---

❶ 根据贵州省扶贫办相关要求：内业，指被评估县组织相关部门对2016年考核指标中客观因素指标数据开展预测算（任务类指标以当前完成情况为基准，年度指标以去年同期比较为基准）。外业，指具体抽样调查过程，即对调查样本点精准识别、精准脱贫工作的准确率、知晓率、达标率和驻村工作满意度等方面工作展开调查、测评，并同时兼顾对建档立卡和相关档案资料的完整性和规范性的调查、测评。而在具体操作中，为便于调查行动，我们把扶贫工作管理及其所有档案材料也视作内页范畴。

干部、普通农户等人士开展随机访谈、座谈，力求尽量扩大信息面，以期去伪存真，实质在握。

**（四）组织实施过程**

1. 评估方法

本次评估过程在方法上将采用入户问卷调查、电话访谈（对帮扶责任人和部分不在家农户）、村干部问卷调查，随机走访、收集文字材料、抽查档案资料等多种工具形式结合进行。

2. 路线与调查执行

M县调查时间是10月3日至5日，基本行程为：东河镇石家寨村→大兴镇湄江湖村→永城镇星联村。评估组调查执行的人员安排：查阅内业材料（含查阅扶贫工作管理档案材料及信息比对，专家3人）、随机访谈（专家2人）、入户问卷调查员（在读硕士生12人），工作过程中内业与外业工作同步展开，原则上要求当地对入户问卷调查员仅安排向导一名，随机访谈过程则拒绝任何形式陪同。同时，在整个调查活动中，除文字记录外，调查员还将作大量拍照记录。

3. 数据审核与录入

每天调查结束后，评估组会通过睡前例会的形式召集全体成员参加讨论，着重对当天所发现的问题及判断尺度进行交流，并当场对问卷进行交叉审核。全部调查完结，由评估组成员通过EXCEL电子表格交叉录入问卷，以确保数据录入的准确性。

**（五）评估工作中的创新做法**

本次评估工作的创新主要表现为：①立体视角。为避免信息源单一扁平，并最大限度突破可能存在的干扰。我们不仅重视内业与外业同步推进并相互沟通，确保相关信息能得到及时验证。在调查对象上并未限于"已勾选"贫困户，而会及时将"未勾选"在家贫困户列为重点调查对象。此外，还专门设计问题分别对村支两委领导、帮扶责任人，以及不在家贫困户进行电话访谈；②随机视角。安排专人面向整个调查区域展开入户随机访谈，访谈对象包括贫困户、兜底户、非贫困户甚至路人，力求能进一步探查、验证当地扶贫政策的落实情况和驻村干部的工作情况；③逻辑视角。在内业资料检查中，严格按照"识别——帮扶——退出"的逻辑线路，重点关注识别、退出的公示、公告程序是否合规，档案材料之间的逻辑关系是否清晰完整等。

## 二、评估区域概况

### （一）M县总体概况

#### 1.区位及经济社会发展情况

M县地处贵州省北部大娄山南麓，乌江北岸，县城距贵阳市188千米，杭瑞高速、道安高速穿境而过，是黔北东部地区重要交通枢纽。总面积1865平方千米，耕地面积31026公顷，辖12个镇3个街道办事处133个村（居、社区），总人口49.56万人，其中农业人口43.23万人，占总人口的87.2%。2015年，M县GDP达77.09亿元，人均GDP为20392元。财政一般预算收入完成5.67亿元，城镇居民人均可支配收入25222元，农民人均可支配收入10113元，增长10.6%，2016年预计农民人均可支配收入可达11579元，增长14.5%（见图1）。

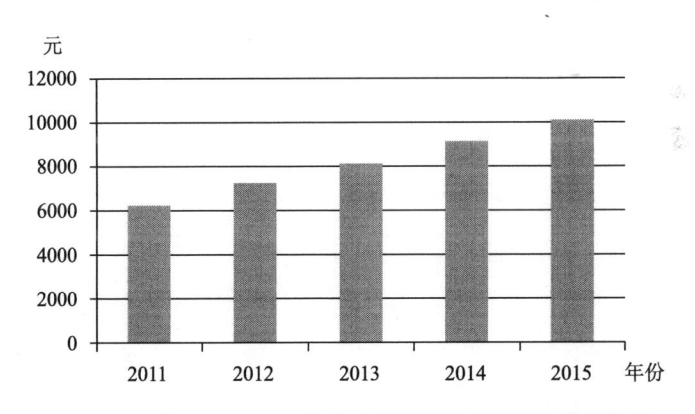

图1 M县（2011—2015年）农民人均可支配收入增长情况

#### 2.扶贫基本形势

M县属于武陵山片区区域发展与扶贫攻坚重点县。共有5个贫困镇64个贫困村，其中一类贫困镇2个（高台镇、东河镇），二类贫困镇2个（大兴镇、抄乐镇），三类贫困镇 1 个（鱼泉街道）；一类贫困村 27 个，二类贫困村 11 个，三类贫困村 26 个；贫困户 19062 户 43600 人。

**3. 治贫扶贫观审视**

（1）领导重视、全力推进。该县党政主要领导坚持把脱贫攻坚作为最大的政治责任和"第一民生工程"抓实抓好，及时成立党政主要领导任组长的脱贫攻坚领导小组，按照"五个一批"的要求，分别成立由县级领导挂帅的五大指挥部，调整充实县、镇（办事处）、村扶贫工作领导小组，实行党政"一把手"双组长制，并努力充实完善各级扶贫机构。

（2）全体动员、落实责任。全面整合机关企事业单位和社会团体资源，动员一切可以动员的力量，打造全覆盖的包保责任制和社会责任链，如利用"321 挂帮""三送一联心""三联一会"等多种载体开展帮扶活动，形成县领导挂镇（办事处）、单位部门帮村、干部职工帮户、社会力量帮困的全社会参与格局。

（3）系统规划、缜密布局。提出"33661"扶贫攻坚行动计划（即用 3 年时间，实现 3 万人脱贫，实施精准扶贫"六个到村到户"，完成"六个小康建设任务"，2017 年实现农村贫困地区人均可支配收入 10000 元以上），开展"十三五"时期武陵山区 M 县区域发展与扶贫攻坚发展规划、上海对口帮扶规划、扶贫攻坚专项规划编制工作。并制定与省委"1+10"文件相配套的细化方案和集团挂帮、同步小康驻村等文件。

（4）健全制度、扎实推进。随着"资金、任务、权责、目标"四到县，按照"谁审批、谁负责"的要求，先后制定落实《M 县财政专项扶贫资金项目管理办法》等 13 项制度，从立项、审批、实施、绩效、责任、追溯等方面建章立制，确保扶贫工作有章可循，资金安全有效。在具体推进过程中，坚持以强化精准识别"回头看"，驻村第一书记"回头看"，遍访贫困村贫困户"回头看"三条路子为抓手，不断校准扶贫工作的对象、责任及措施。

（5）高标督查，强化问责。成立以组织部长任组长、纪委书记任副组长的督查问责工作组，制定《M 县精准扶贫对象工作督查方案》，并成立 5 个县级督查组，对扶贫生态移民实行户户见面核实，对其他扶持对象实行抽查见面核实，建立脱贫攻坚微信群和日报告制度，准确把握工作进度。同时，加强财政、审计、纪检（监察）等部门的协作配合，严明奖惩，确保扶贫项目资金高效安全。

### 4. 治贫扶贫的基本成效

由于坚持围绕"两不愁、三保障"的总体目标，积极整合各方资源，强化大扶贫工作格局，抢抓政策机遇，大力实施"33661"脱贫攻坚行动计划。目前，M县扶贫工作取得了显著成绩：贫困人口已经从2011年的7.818万人减少到2015年的2.77万人，年均下降16.15%。目前已实现东河、抄乐、鱼泉、高台4个镇"减贫摘帽"，贫困人口减少5.048万人，贫困发生率从18.1%下降到6.4%，到2016年预计贫困发生率下降到2.6%、贫困镇发生率从33.3%下降到0（见图2）。

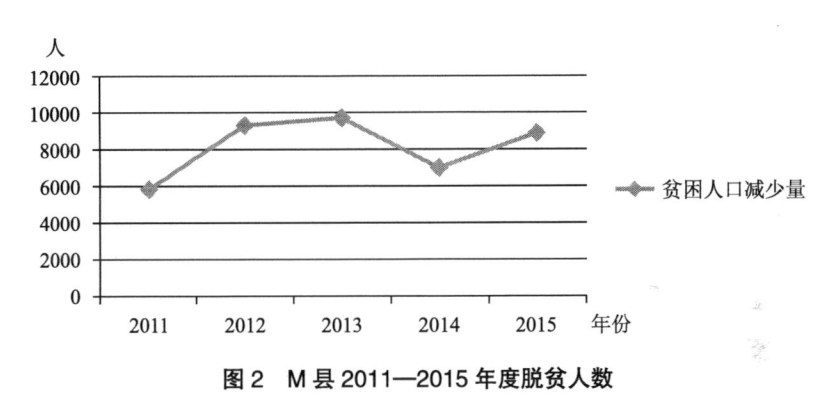

图2　M县2011—2015年度脱贫人数

### （二）受评估镇、村概况

#### 1. 东河、大兴、永城三镇概况

东河镇地处M县北部，系省级一类贫困镇。下辖9个行政村（其中：一类贫困村6个、二类贫困村1个、非贫困村2个），52个村民组，7764户、29615人，农业人口28117人，占总人口的94.94%，农业劳动力17543人，耕地27825亩，森林覆盖率60.2%。全镇贫困人口为1432户、5209人，已脱贫549户、2219人，未脱贫883户、2990人。其中2016年计划脱贫557户2120人，2017年计划脱贫326户870人。

大兴镇位于M县北部，属省级二类贫困镇。下辖11个村，1个居委会，86个村民组，9756户39915人。地域面积145.2平方千米，主要产业有茶叶、烤烟、稻鱼共生、辣椒、蔬菜等，现有茶园面积7.2万余亩，人均1.77亩；森林覆盖率55.9%，现有贫困村9个，贫困户1304户，人口3648人，贫困发生率为9.1%。计划于2016年实现"减贫摘帽"，贫困人口脱贫2506人，贫困发生率下降到2.8%，2017年计划脱贫523人。

永城镇位于M县东南面，属非贫困镇。下辖5个行政村，32个村民组，4879户18079人，地域面积70.6平方千米，耕地面积20385亩，森林覆盖率达60%，产业主要以茶叶、烤烟、辣椒为主。全镇建档立卡贫困人口509户、1654人，2014年脱贫73户280人，2015年脱贫65户260人；2016年计划脱贫127户500人，2017年计划脱贫244户614人。现有星联、李家堰两个二类贫困村。

**2. 石家寨、湄江湖、星联三村概况**

作为本次评估的三个抽样村，石家寨村、湄江湖村和星联村三村分别属于省级一类、二类、三类贫困村，且区位、交通、资源等在县内又有较明显差异性，故相信通过对此三村的调查，应能较为全面地把握M县扶贫工作现状。

（1）石家寨村扶贫工作简介

石家寨村属省级一类贫困村，位于东河镇西部，地域面积15.1平方千米。全村辖7个村民组，624户、2368人。全村共有建档立卡贫困户195户、663人，其中，2014年脱贫21户、85人，2015年脱贫43户、149人。现有贫困户131户、429人，其中2016年计划脱贫100户、365人，2017年计划脱贫31户、64人。

主要致贫原因：交通不便、基础设施建设滞后、群众居住条件恶劣、产业发展单一、信息不畅等。

"五个一批"脱贫分类情况：发展生产脱贫35户、105人；易地扶贫搬迁脱贫69户、257人，发展教育脱贫5户、17人，社会保障兜底22户、50人。

"十三五"期间扶贫思路：一是大力发展旅游业。以石家寨传统村落保护开发为龙头，激活本村丰富的旅游资源，大力发展旅游产业，配套发展餐饮、住宿、特色商品等服务业，带动村民就近增加收入，助推脱贫；二是巩固发展农业产业。依托现有优势,进一步发展优质烤烟、稻鱼共生、特色蔬菜、水产养殖、观光农业等;三是完善基础设施。进一步争取上级项目资金支持,引导村民投工投劳,实施通组通户路硬化工程,解决严重制约发展的交通瓶颈问题。

(2)湄江湖村扶贫工作简介

湄江湖村属于省级三类贫困村。现辖9个村民组,807户3860人,全村总面积18.7平方千米,经济收入以茶叶、烤烟等常规传统农业为主。共有建档立卡贫困户252户853人,其中2014年脱贫30户119人,2015年脱贫25户110人,现有贫困户197户624人,2016年计划脱贫145户511人,2017年计划脱贫2户3人,整村计划于2016年脱贫出列。

主要致贫原因:地处偏僻山区,自然灾害较多,基础设施建设落后;长期缺乏支柱产业;由于外出务工者多,农业生产劳动力薄弱;地处水源保护地,发展产业受限;人口素质较低等。

五个一批脱贫分类情况:发展产业脱贫72户224人;易地扶贫搬迁46户187人,可解决就业60人以上;发展教育扶持21户87人;社会保障兜底解决50户110人。

"十三五"期间扶贫思路:一是继续加快完善基础设施建设。确保至2016年年底完善全村80%以上的公路建设,完善硬化主要通组公路4条,长度为20余千米;二是进一步强化引导发展产业。特别是进一步巩固好现有三个茶叶基地,两个油茶基地,并向周边延伸发展油茶500亩,使197户贫困户每家种植规模达2亩以上;三是进一步发挥种养殖大户带动作用。以"公司+贫困户+村委会"的模式,实现"代种代养",使参与的每户贫困家庭增收3000~5000元。

(3)星联村扶贫工作简介

星联村属于省级二类贫困村。辖9个村民组,1272户5020。全村总面积为22.01平方千米,主要产业是烤烟、茶叶,辣椒等。建档立卡贫困人口268户931人,其中,2014年脱贫50户189人,2015年脱贫54户270人,2016年计划脱贫82户332人,2017年计划脱贫82户203人。

主要致贫原因：村落地处偏僻，人口分散；部分村民思想落后，致富能力弱，传统的小农经济思想根深蒂固；村级集体经济薄弱，交通区域优势不明显。

五个一批脱贫分类情况：发展生产脱贫一批159户586人；易地搬迁脱贫一批43户180人；发展教育脱贫一批15户57人；社会保障兜底一批51户108人。

"十三五"期间扶贫思路：一是大力发展旅游业。加快农旅一体鱼龙山精品水果基地建设，发展精品水果种植1200亩，并配套发展餐饮、住宿、特色商品等服务业，带动村民就近就业300人。二是巩固发展农业产业。依托自身优势，巩固发展优质烤烟1200亩，辣椒1800亩，提升茶叶种植基地建设。三是完善基础设施。争取上级项目资金支持，投入"水、电、路、讯、房"六项小康计划，实施"四在农家美丽乡村"建设，打造新农村建设升级版。

## 三、扶贫开发工作成效评估

### （一）样本农户总体特征分析

#### 1. 样本的选取

根据贵州省扶贫办部署要求，本次第三方评估对M县入户调查的计划样本量为120份。具体入户样本的选取由评估组根据所选乡镇（村）建档立卡贫困户数量随机抽取。首先，根据三村建档立卡贫困户总数，对调查户数进行适当比例初分配；其次，细分脱贫户（2014—2015年）、2016年计划脱贫户、贫困户（2017年及以后）三种调查样本量，原则上考虑等比兼顾。基于现实原因，最终在具体调查中共产生有效样本122户。其中2014—2015年已脱贫贫困户为45户，占比36.89%；2016年计划脱贫贫困户53户，占比43.44%；计划2017—2018年脱贫贫困户24户，占比19.67%。3个样本村中，石家寨村33户，占比27.04%；湄江湖村40户，占比32.78%；星联村49户，占比40.16%（见表2）。

表2 石家寨、湄江湖、星联三村样本类型分布结构

| 样本类型村名 | | 已脱贫户 | 计划2016年脱贫 | 计划2017年后脱贫 | 合计 |
|---|---|---|---|---|---|
| 石家寨村 | 数量 | 18 | 10 | 5 | 33 |
| | 比例（%） | 54.55 | 30.3 | 15.15 | 100 |
| 湄江湖村 | 数量 | 10 | 20 | 10 | 40 |
| | 比例（%） | 25 | 50 | 25 | 100 |
| 星联村 | 数量 | 17 | 23 | 9 | 49 |
| | 比例（%） | 34.69 | 46.94 | 18.37 | 100 |
| 合计 | 数量 | 45 | 53 | 24 | 122 |
| | 比例（%） | 36.89 | 43.44 | 19.67 | 100 |

2. 样本的特征分析

（1）样本户总体特征

所调查122户贫困户样本，共涉及贫困人口423人。从性别上看，男性228人，占比53.9%；女性195人，占比46.1%。从民族构成上看，汉族占到418人，占比98.81%；土家族有3人，占比0.7%，苗族有2人，占比0.47%。

从劳动力构成来看，调查样本所涉及的423人中，劳动能力人口有294人，占到总人口的69.5%，其中无劳动能力或丧失劳动力人口129人，占到总人口的30.49%；从身体健康程度来看，调查样本所涉及的423人中，身体健康的有313人，占比73.99%；患大病或长期慢性病的有92人，占比21.51%，身体有残疾的有18人，占比4.25%；从文化程度上看，调查样本所涉及的423人中，学龄前儿童和文盲或半文盲的有46人，占比10.87%，文化程度为小学的有166人，占比39%、文化程度为初中的有134人，占比31.67%，文化程度为高中的有45人，占比10.63%，文化程度为大专及以上的有32人，占比7.56%。

（2）样本户访谈对象特征

访谈对象作为家庭信息的发布者，对于评估问卷质量有着重要关联。本次评估具体访谈对象的基本特征如下：一是性别主要集中在男性，占调查总体的

90.9%，体现出男主外的传统观念，少数能接受访谈的妇女，一般都是因丈夫较为木讷、丈夫外出或者孀居；二是民族特征相对比较单一，基本是汉族；三是年龄主要集中在中年，占63.11%，61岁以上老年人占36.06%，原因可能与家中年轻人多出门打工有关，35岁以下的贫困户主很少，仅有1户，反映出新增贫困家庭正在大幅度减少；四是文化程度普遍不高，主要集中于小学和初中层次（见表3）。

表3 问卷访谈对象结构

| 类别 | 性别 |  | 年龄 |  |  | 民族 | 学历 |  |  |  |
|---|---|---|---|---|---|---|---|---|---|---|
|  | 男 | 女 | 16~35岁 | 36~60岁 | 61岁以上 | 汉族 | 文盲或半文盲 | 小学 | 初中 | 高中或以上 |
| 特征 |  |  |  |  |  |  |  |  |  |  |
| 比重（%） | 90.9 | 9.1 | 0.83 | 63.11 | 36.06 | 100 | 10.9 | 45.11 | 38.8 | 5.19 |
| 合计 | 100 |  | 100 |  |  | 100 | 100 |  |  |  |

### （二）扶贫对象识别准确性评估

#### 1. 贫困户错评率

错评是指按照识别标准本不应被纳入精准扶贫建档立卡对象的农户被错误纳入。错评率即指该类错误纳入户在总贫困户中的比重。计算公式为：

$$错评率 = \frac{错评贫困户}{样本总量} \times 100\%$$

在所调查到的贫困户样本中，未发现错评农户现象，故错评率为0。

#### 2. 贫困户漏评率

漏评是指按照精准识别标准应被纳入却未被纳入精准扶贫建档立卡对象的农户。由于本次抽样调查对象为建档立卡贫困户，未涉及非贫困户入户调查，因而无法准确获取该县精准识别过程中的漏评贫困户信息，故无法测算漏评率指标。此外，我们通过随机访谈或跟踪核实过入户调查员采集到的一些疑点信息，但最终未发现典型漏评现象。综上，M县贫困户漏评率为0。

### 3. 贫困人口识别准确率

根据贵州省扶贫办统一制定的评价标准，贫困人口识别准确率 =100%- 错评率 - 漏评率。由于 M 县漏评率、错评率皆为 0，故本次对 M 县精准识别抽样评估的贫困人口识别准确率为 100%。

### （三）扶贫对象退出准确性评估

#### 1. 贫困户错退率

错退是指按照退出标准本不应退出精准扶贫系统的贫困户却被退出。错退率是指已退出原贫困户中错退贫困户所占的比重。计算公式为：

$$错退率 = \frac{错退贫困户数}{2014—2015年脱贫抽样总数} \times 100\%$$

在所调查到的 45 户 2014—2015 年脱贫户样本总量中，发现错退的农户有 1 户（见附件 3），错退率：1/45×100%=2.22%。

#### 2. 贫困户漏退率

漏退是指按照退出标准本应退出精准扶贫系统却未被退出的贫困户。漏退率是指应退出精准扶贫系统却未被退出的贫困户所占比重。计算公式为：

$$漏退率 = \frac{漏退贫困户}{样本总量} \times 100\%$$

在所调查的 120 户样本总数中，发现漏退农户 1 户，漏退率为 1/122×100%=0.82%。

#### 3. 贫困户可退率

可退是指计划年度达到当年退出标准可以退出精准扶贫系统的情况。本次评估可退率仅针对 2016 年计划脱贫的样本。计算公式为：

$$可退率 = \frac{2016年达到退出标准贫困户量}{2016年计划脱贫户量} \times 100\%$$

在 2016 年 53 户贫困样本户中，发现有 43 户达到退出标准，可退率：43/53×100%=81.13%。

### （四）贫困户信息准确性评估

信息准确是精准扶贫、精准脱贫工作的根基。在此之前，贵州省扶贫办已组织"回头看"工作达 7 次，目的是以此督促各地及时补充完善贫困户相关信息，特别是农户基本信息，力求不断提高扶贫精准度。信息准确率指信息登记准确贫困户数的比重。

其计算公式为：

$$准确率 = \frac{登记准确贫困户数}{样本总量} \times 100\%$$

**1. 贫困户登记信息准确率**

本次评估采集到的贫困户样本总数为 77 户，通过线上信息比对，发现基本信息登记准确的贫困户为 63 户，另有 14 户贫困户（见附件 3）存在诸如姓名、电话、家庭成员、帮扶人等基本信息不完全吻合的现象。故脱贫户登记信息准确率为：63/77×100%=81.81%。

**2. 脱贫户登记信息准确率**

脱贫户登记准确率是指脱贫户系统登记信息与脱贫户真实信息相一致的脱贫户占总脱贫户的比重。在所调查的 45 户已脱贫样本总数中，有 8 户贫困户（见附件 3）登记信息与农户真实信息存在上述类型出入，信息登记准确脱贫户为 37 户，脱贫户登记信息准确率为：37/45×100%=82.22%。

### （五）贫困户信息知晓情况评估

"知晓"是一个相对宽泛的概念，可以理解为"清楚""熟悉"，也可以理解为"听说过""有那么一回事"，由于我们的评估调查对象是贫困农户，对其在知晓概念上更不必过于严苛，本问卷设计的目的在于测算扶贫政策的普及程度。

知晓率计算公式为：

$$知晓率 = \frac{知晓的贫困户数}{样本总量} \times 100\%$$

1. 履行精准识别、精准退出程序知晓率

在回答"本地的贫困人口识别、退出是否公开透明"时，绝大部分贫困户均选择"是"，仅有一户作了否定选择。故可知履行精准识别程序知晓贫困户应为 121 户，由于样本总数为 122 户，故精准识别、精准退出知晓率为：121/122×100%=99.18%。

2. 精准识别结果知晓率和精准退出结果知晓率

在回答"本地对贫困人口识别的结果是否进行公开"时，在总数为 122 户的样本量中，选择"是"的样本农户为 119 户，故其精准识别结果知晓率为：119/122×100%= 97.54%。

在回答"本地对贫困人口退出的结果是否进行公开"时，在总数为 98 户（脱贫户或计划脱贫户）的样本量中，选择"是"的样本户为 94 户，故其精准识别结果知晓率为：94/98×100%= 95.91%。

### （六）帮扶工作满意度评估

精准扶贫工作开展以来，贵州省逐步建立起省、市、县、乡、村联动扶贫工作机制，并采用"一村一同步小康工作队"等方式明确帮扶责任主体，使之成为直接面对贫困农户的实施者和责任人。驻村工作队在整个扶贫行动中负责配合当地的乡（镇）人民政府、村支两委走村串户，对所有农户基本情况进行摸底，瞄准贫困群体，协助其做好贫困建档立卡，同时还明确实行定点、定人、定时、定责帮扶，以及全程参与（项目申报、实施、监管、评估）等系列动态管理工作。显然，就帮扶成效而言，当地贫困户的满意度评价至关重要。

计算公式为：

$$满意度 = \frac{满意贫困户}{样本总量} \times 100\%$$

根据问卷统计数据，其测评结果如下：

1. 驻村工作队的工作情况满意度

对当地驻村工作队的工作情况表达满意的贫困户数为 122 户，样本总数为 122 户，其满意度为：122/122×100%=100%。

## 2. 帮扶责任人的工作到位情况满意度

对自家帮扶责任人的工作到位情况表达满意的贫困户数为 122 户,样本总数为 122 户,其满意度为:122/122×100%=100%。

## 3. 对现有的帮扶方式满意度

对现有的帮扶方式表达满意的贫困户数为 122 户,样本总数为 122 户,其满意度为:122/122×100%=100%。

## 4. 对帮扶工作效果满意度

对现有帮扶工作效果表达满意的贫困户数为 121 户,样本总数为 122 户,其满意度为:121/122×100%=99.18%。

## 5. 脱贫户对退出确认程序满意度

根据对(2014—2015 年)已脱贫户样本对象的调查统计,对精准退出确认程序表达满意的户数为 44 户,样本总数为 45 户,其满意度为:44/45×100%=99.77%。

### (七)帮扶效果评估

#### 1. 贫困户人均纯收入达标率

贫困户人均纯收入达标,指贫困户人均纯收入达到 2016 年退出的标准 3164 元。贫困户人均纯收入达标率是指贫困户人均纯收入达到 3164 元贫困户占总贫困户的比重。计算公式为:

$$贫困户人均纯收入达标率 = \frac{2016年收入达退出标准贫困户量}{样本总量} \times 100\%$$

在所调查的 122 户贫困户样本中,有 96 户贫困户样本人均纯收入超过 2016 年退出标准 3164 元,贫困户人均纯收入达标率为 78.7%。

#### 2. 贫困户饮水达标率

贫困户饮水达标指贫困户饮水不存在安全问题的情况。贫困户饮水达标率是指饮水安全的贫困户占总贫困户的比重。计算公式为:

$$饮水安全达标率 = \frac{饮水安全贫困户量}{样本总量} \times 100\%$$

在所调查的 122 户贫困户样本中，有 122 户贫困户样本表示其饮水安全，贫困户饮水安全达标率为 100%。

值得注意的是，表示饮用深井水的人达 16 户，占总样本量 122 户的 13.1%，表示饮水存在一定困难的有 3 户，占总样本量 122 户的 2.5%，这说明 M 县贫困农村地区的人饮基础设施建设仍需进一步努力。

### 3. 贫困人口医保参保率、达标率

贫困人口医保参保率（达标率）是指贫困人口参加医疗保险人数占贫困总人口的比重。计算公式为：

$$贫困户医保参保率、达标率 = \frac{医保参保贫困人口量}{样本总贫困人口量} \times 100\%$$

在所调查的 122 户、423 人中，医保参保人数为 423 人，故贫困户参保率（达标率）为 100%。

此外，对于"能否承担得起一般医疗费用"的调查中，有 121 户，占总样本量 99.2% 的贫困户表示可以承担，另有一户，占总样本量 0.8% 表示仍有一定困难。

### 4. 贫困户教育达标率

贫困户教育达标是指贫困户中是否存在因贫困而导致辍学的情况。贫困户教育达标率是指贫困户中未因贫困而辍学的贫困户占总贫困户的比重。计算公式为：

$$贫困户教育率达标率 = 1 - \frac{因贫困而辍学贫困户}{样本总贫困户} \times 100\%$$

在所有 122 个样本户中，发现的因贫困而辍学情况为 0 户（0 人），故贫困户教育达标率为 100%。另从全部样本户信息中得知，处于普九阶段的贫困户学生为 34 人，正在就读高中的贫困户学生为 6 人、职中为 5 人，另据随机访谈得到的信息，3 村小学均提供营养早餐，就读高中、职中的学生普遍均按国家规定享受到助学金、"雨露计划"等助学资助项目。

5. 贫困户住房达标率

贫困户住房达标是指贫困户住房安全有保障的情况。贫困户住房达标率是指住房安全有保障的贫困户占总贫困户的比重。计算公式为：

$$贫困户住房达标率 = \frac{住房安全有保障的贫困户量}{样本总量} \times 100\%$$

在所调查的122户样本中，住房安全有保障（非危房）的贫困户为113户，贫困户住房达标率为：113/112*100%=92.6%。

（八）样本调查基本结论

1. 贫困户识别、退出准确率较高

根据抽样问卷分析，M县三村在扶贫对象识别的"贫困户错评率""贫困户漏评率"均为0，在扶贫对象退出方面，其"贫困户错退率"是2.22%、"贫困户漏退率"是0.82%，总体情况呈现良好，与县自查结果（贫困人口识别准确率99.85%，贫困人口退出准确率达99.8%）基本吻合。通过查阅县相关介绍材料，M县在抓贫困人口识别和退出工作中主要采取了较为认真的"回头看"工作，严格按照"两见面、三公示、四人签字"原则和"村评议、镇审查、县抽查"要求，同时，为此专门成立五个县级督察组展开户户核实，并改进机制、严明奖惩，从而起到了立竿见影的效果。但是，在"贫困户可退率"方面，却出现不小误差，仅为81.13%，这应与个别镇村相关帮扶工作不够扎实，退出计划安排不当相关。

2. 帮扶工作满意度较高

根据抽样问卷分析，M县三村贫困户对"驻村工作队工作满意度""帮扶责任人工作满意度""对现有帮扶方式满意度""对帮扶板做效果满意度"的满意率分别为100%、100%、100%、99.18%，总体情况良好，与县自查结果（100%）大致吻合。该县在抓该项工作的主要做法包括：一是对驻村第一书记"抓好回头看"，将一批有活力、有本领的干部选派到扶贫第一线，并强化考核和激励，确保第一书记全覆盖、常年在、起作用。二是抓好遍访贫困户"回头看"，结合各种下基层活动，对贫困户深入开展"面对面""手拉手"工作，找病根开药方，确保全覆盖见实效，使贫困群众真正感到温暖得到实惠。

3.贫困户信息知晓率总体较高

从抽样问卷分析，贫困户对于"履行精准识别、精准退出程序知晓率""精准识别结果知晓率""精准退出结果知晓率"均为理想，分别是99.18%、97.54%和95.91%。数据上表明三个样本村在"两公示一公告"等方面的工作较为到位，但通过评估组随机访谈了解到，很多贫困户对于上述程序及结果表达为"听说过"或"得到电话通知"，对于整个过程能完全描述清楚的仅占计少数。值得注意的还有，一些非贫困户甚至明确表示对此"不清楚""不知道"，也未参加过相关村民会。

4.扶贫施策效果总体良好

根据抽样问卷分析，贫困户在"人均纯收入达标率""饮水达标率""医保参保率""教育达标率""住房达标率"的数据分别是：78.7%、100%、100%、100%、92.6%。这表明三村在"五个一批""六个到村到户"等方面的帮扶行动措施是有明显成效的。这从相关材料也可以得到进一步佐证：首先是扶贫产业有效果有创新。三村均在茶叶、向日葵、葡萄种植产业，以及发展生态畜牧、发展旅游业等方面实现贫困农户增收，如石家寨村还探索出葵花种植专业合作社模式，湄江湖村探索出养羊"代养"模式，星联村通过发展旅游业带动模式等。其次是千方百计推动"六小"工程进村入户，如仅2016年星联村即已投资170万元，解决了龙洞寺、鱼泉、鱼龙山三个村民组的人饮工程，覆盖受益贫困户达222户。此外，通过问卷统计，3村总样本量中仅大专以上文化程度的即达32人，其中25岁以下的就有31人，结合100%的教育达标率，这表明3村贫困户的人力资源质量数量均在发生显著改善。此据材料显示，3村计划移民搬迁户的搬迁工作正在有序推进，部分贫困户已搬入新居，余下预计将于2017年全部搬迁完毕。

## 四、扶贫工作管理评估

贵州省通过制定《贵州省扶贫开发建档立卡工作实施方案》和《贵州省精准扶贫建档立卡工作督查指导方案》。在鼓励各县机制创新的过程中，逐步形成"两公示一公告"贫困户识别、退出程序。同时，还对每个贫困村、贫困户采取"定量定性"的方式建档立卡，实施动态管理。2015年以来，贵州省还按照"把贫困人口找出来，把帮扶措施落到位，把党的政策送到家"的要求，开展拉网式全面清查，对现有建档立卡贫困人口进行重新核实，并要求制定分年度脱贫计划和脱贫措施。并以户为单位明确贫困人口帮扶责任人。作为本次评估重要的组成部分，查阅扶贫工作管理旨在检查被评估县、镇、村关于扶贫工作开展的系统性、严肃性和规范性，从而进一步评判其精准性和有效性。

（一）取得的成绩

通过三天对村、镇、县三级自下而上的回溯性调查，M县扶贫工作管理值得肯定的优点包括：①导向明确推进有力。通过调阅近年来县委、县政府及各相关部门的文件和工作材料可知，M县党政决策层在扶贫工作方面已切实体现出高度政治敏锐性和强烈历史使命感，特别是对于中央和省扶贫工作相关部署要求均认真做到第一时间传达、部署和落实。这对于规范、推进M县扶贫工作管理起到良好的指引作用。县各相关职能部门也均能做到严守职责密切跟进，镇、村两级对于精准识别、精准退出、精准考核等方面的材料归档管理也体现出相当的系统性、条理性，使"户有卡、村有册、乡有簿、县有档"等各项工作得到落实；②硬件设备较为完整。如所抽样三村村委会均专门辟出一定办公用房设立扶贫攻坚"作战室"，并配备桌椅、电脑、文件柜等系列办公设备，同时还把内业管理的部分信息通过挂图、展板、沙盘等形式进行开放性展示，具体内容包括：扶贫基础设施建设规划、"五个一批"脱贫情况分布、基础设施建设、精准识别、精准退出、精准考核的相关管理程序和责任人，以及贫困户名单及其帮扶责任人等信息均可实现一目了然，入脑入心；③工作机制有一定创新。这是确保扶贫管理工作得到持续丰富和完善的关键，这主要体现于不断建立健全专抓机构、专抓队伍责任制和业务责任链，努力打造精准扶贫"立体火力网"：首先，争取编制，单列出县扶贫工作机构并充实人员，同时进一步充实增强镇扶贫工作站和扶贫专职人员。其次，积极抓好贫困对象识别、第一书记工作、遍访贫困村贫困户三个"回头看"，力求精准扶贫靶心不断校准。最后，通过出台《M县财政专项扶贫资金项目管理办法等13项制度》

《M县精准扶贫对象工作督查方案》等多项文件措施，并及时成立5个县级督察组强化核查，此外还专门建立脱贫攻坚微信群和日报告制度，力争进一步跟踪掌控扶贫新信息等。

### （二）存在的问题

扶贫工作管理作为精准扶贫、科学治贫、有效脱贫的规范化要求，并非能一劳永逸，而是需要各级部门人员集中精力常抓不懈的精细化工作。通过对M县、镇、村三级扶贫内业管理工作的三天查阅对照，我们认为目前M县精准扶贫、精准脱贫工作内业管理存在的问题和不足主要有以下几方面。

1. 在贫困识别建档立卡方面存在的问题

首先，识别标准存在偏差。从所调阅的部分建档立卡材料中即发现，部分农户家庭在农牧产品收入、工资性收入、转移性收入等方面收入的问卷调查中存在漏算、误算、虚高等操作性失误。定量方面计算存在的失误直接体现调查员的一定素质和能力，同时，也会带来对其"两不愁、三保障"为核心"四看法"定性评价是否客观公正的质疑，如个别贫困户的贫困登记表与调查问卷在饮水安全就曾出现两个情况相左的信息，此类情况显然会导致错评和漏评风险的增大；其次，识别程序存在失误。精准识别程序主要体现于"两公示一公告"，在贫困户档案材料中发现的问题主要体现在，程序佐证环节遗漏和时间顺序不当等问题，如一些农户的档案材料中分别存在缺失村级初审表格、照片、村民会议签到表等程序性材料，或存在公示时间、公示方式（地点）、公示证明（照片）等不衔接、不规范的问题；最后，贫困识别动态管理存在滞后。通过对部分贫困户线上线下建档立卡信息的比对，我们发现一些贫困户线下、线上的帮扶措施存在较大反差，例如，一些产业扶持项目、"移民搬迁"或"特惠贷"等项目实际已经在运行，但线上的对应材料仍未显示。一些贫困户虽然已经顺利脱贫，但其实际获得的相关帮扶项目却始终未在系统中有所反映。此外，也还存在一些贫困户家庭人口信息出现线上线下不吻合的情况。

2. 在精准帮扶建档立卡方面存在的问题

首先，年初标示存在一些缺失。通过明白卡或线上信息查阅发现存在帮扶计划或帮扶项未注明的个别情况。其次，年中帮扶措施存在缺失现象。年中帮扶措施是建档立卡、精准扶贫的最终落脚点，更是切实践行"真扶贫"理念、因户施策的重要标志。但在查阅农户档案和线上查询中，仍存在不少帮扶项目空白或仅填写通组公路建设项目的情况，看不到任何关于发展生产的帮扶信息。此外还存在贫困户的帮扶措施并未出现在"精准帮扶"档案资料汇编中，在"精准帮扶"资料汇编中只找到帮扶花名册，却看不到具体帮扶信息体现。最后，驻村帮扶工作仍有薄弱现象。如存在帮扶人已易人，但明白卡及线上均未更新，未发现新帮扶人的信息。还存在帮扶人与同单位的帮扶人交换帮扶对象，换为自己熟悉的帮扶对象，但档案及线上也仍未更换，农户仅仅口头得到通知。另据查阅相关材料和入户调查反馈，一些帮扶责任人还停留在"救济式"扶贫观念状态，仅满足于送点钱、买点米油探望帮扶户，对于帮扶户的实际发展需求帮助不够深入，缺乏实招。此外，在双台账管理中有敷衍填写现象，如出现不同填表人使用的计量单位不统一，但价格却是相同的情况等。

### 3. 在精准脱贫退出建档立卡方面存在的问题

首先，精准脱贫退出程序材料存在缺失，在调阅镇村精准脱贫材料中，发现一些必要的程序环节仍缺乏规范性，如有的村支两委和驻村工作队入户核查信息有不全面、不精确的情况。有的在危房改造计划、"普九"教育情况、"两免三补"等核准环节方面缺乏规范或存在遗漏情况。有的镇、村之间就同一批次精准脱贫名单"两公示一公告"未按要求在时间上实现同步。其次，涉及退出农户个体的档案材料仍然存在线上业务系统和线下文字材料信息不一致的情况。最后，退出背书制度存在未严格遵守的情况。按照规定，村第一书记、驻村工作对、村支两委、贫困户帮扶责任人、乡镇党政负责人均应先后对脱贫名单签字并确认背书，以对认定程序和结果负责，但查阅到的材料显示仍有一些应作背书的环节有漏签情况。

### 4. 在扶贫资金项目档案资料管理方面存在的问题

扶贫资金项目档案资料管理的完整性、准确性是检验精准扶贫程序及效果的重要历史依据，其不仅利于提高管理工作效率，还能确保扶贫资金使用随时备案监察。为此，M县政府根据上级相关要求，专门出台了《M县财政扶贫资金项目档案管理办法》对各项目实施单位以及县、镇两级扶贫部门进行专门的扶贫资金项目档案规范化指导，并将项目档案规范化管理工作将作为项目检查验收和目标管理工作的重要考核内容。通过对三个镇相关档案资料管理的检查，我们认为主要存在以下问题：第一，档案管理存在有一些随意性。在调阅相关档案时，有的乡镇的档案相对较为散乱，未按照要求清理档案、整理档案并进行专档管理，在理顺档案资料逻辑、实现专业性建档归档等方面远不够规范。第二，具体项目档案材料仍存在缺失。根据 M 县政府相关文件要求，已完结项目的档案文字资料应该含 14 个文字资料子目录，但有的档案内文字资料却存在遗漏现象，包括资金管理与使用方面的应有资料。有的则是照片并未严格按照项目前期、中期和后期的要求备齐等。

## 五、问题成因分析

通过评估调查，评估组认为 M 县扶贫工作取得的成绩总体上应是值得肯定，但客观存在的困难和问题却不容回避，就目前存在的问题而言，其成因大致如下。

### （一）干部"到位"意识仍存不足

由于 M 县扶贫基础条件相对较好，一些村干部、基层扶贫干部或帮扶责任人存在松懈麻痹思想，对待国家扶贫工作有关政策、部署仍然缺乏深刻领会，有明显外紧内松、高举轻放的消极被动表现。如有的未能做到及时传达相关文件精神，并全面执行落实好上级工作要求。有的则存在对镇情、村情把握不准、底数不明的情况，以致对分内工作的落实推进缺乏底气，甘守"中庸"。仅从扶贫工作管理角度看，就会体现出因政策理解不到位，纠偏更新意识不强，进而拖沓低效导致总体管理质量偏低的状态。此外，就帮扶责任人而言，由于个人工作背景、生活阅历等因素的客观限制，有的对所承担的扶贫责任仍然缺乏深刻认识，有力不从心之感。有的则干脆沿袭传统"救济式"扶贫观念，满足于送钱送物，未对帮扶户的实际发展需求作深入了解，未协助制定出有效发展规划，至于资金、技术、项目等方面的协助更未有体现。

### （二）信息更新存在一定客观性难度

由于扶贫工作头绪繁多且颇具迫切性，这对于县、镇、村各级扶贫参与人员在工作责任心、业务熟悉程度和具体工作质量等方面的能力均形成巨大考验，如仅涉及的录入工作就包括遍访、回访问卷录入、建档立卡更新等录入，这其中还会产生各种名目繁多的动态记录及修改，加之扶贫信息系统功能操作上本身的复杂性和限制性，对于人手严重欠缺的镇、村两级扶贫人员而言难免不堪重负，从而易于导致扶贫管理"功课"质量无法令人满意。此外，虽然本次对样本村建档立卡贫困户精准识别的评估结果良好，但并不意味着其本身就可以高枕无忧，因其客观上仍潜在两个误判因素：一是调查录入人员对政策的理解力不够，计算存在偏差有关。二是因村民大量外出务工信息沟通不畅而导致的收入计算模糊等。

### （三）镇、村档案管理缺乏必要人力支撑

随着精准扶贫精准脱贫各项工作的进一步深入，特别是扶贫项目及资金的申报和安排大都已经下放到镇，县扶贫办等相关职能部门更多是立足于履行审批和监管的职能，加之目前覆盖各贫困镇、村的项目均广泛涉及农村小型公益设施、产业扶贫、教育培训、小额扶贫"特惠贷"、基础设施建设等多个方面，工作量之大可想而知。通过调查发现，不少项目本身的程序是健全有效的，却因镇、村管理人手不够导致材料遗漏遗失而面临潜在质疑风险。档案管理作为一门学科技术，涉及大量技巧和专业能力，在"国评"脚步日趋临近的当下，不少镇、村的档案资料管理却仍处于无序的自我摸索阶段，呈现出专职人员和规范性指导"双缺乏"状态，这显然值得高度重视。

### （四）宣传缺失导致村民对扶贫政策理解有歧义

在整个问卷调查和随机性访谈过程中，调查人员数次遇到普通村民"告状"现象，包括反映不知道村民评议会，不知道"两公示一公告"，不知道贫困户识别、退出的基本程序，也不知道驻村第一书记与村支书有何区别等情况，有的甚至进而对扶贫政策、扶贫措施存在不满和抱怨，其理由多是认为镇村干部处事不公，甚至会提出自己或某村民应该被评为贫困户或低保户。但通过调查组随即展开的"四看法"、算收入、"四有人员"等核查工作结果看，却基本未查实典型漏评现象。究其原因，应是一些普通农户长期外出打工不了解信息或自身文化理解能力有限，易对国家开展精准扶贫工作的评定标准产生

误解或一知半解，从而导致对扶贫工作怀有不信任甚至抵触情绪。此外，部分贫困户对于精准帮扶工作也存在不少认识理解误区，如有的农户对于"特惠贷"仍心存犹疑，担心风险太大而主动放弃宝贵机会。有的则不明白国家"扶上马送一程"的精准退出基本政策，担心退出后再无缘享受一些优惠政策，所以会出现设法隐瞒实际收入等情况。

### （五）贫困农户的实际参与程度影响扶贫效果

通过评估测算，我们发现三个样本村 2016 年计划脱贫户中可能存在一定量的不可退出户。究其原因，除个别与扶贫工作不到位有关外，更多是源于部分贫困户自身素质原因：对于省内农业生产条件相对优良的 M 县而言，其沉淀下来的扶贫的工作对象大多为较难啃的"硬骨头"，因病、因残、因素质能力致贫的占相当大比例，其中一些贫困人口甚至会表现出发展意愿不足、思维刻板守旧等消极状态。加之随着如今国家扶持力度的大幅度提升，又兼因宣传动员不够充分，极易滋生部分贫困户等、靠、要思想抬头，甚至出现不以贫困为耻的现象。因扶贫对象参与性不足诱发的内生动力薄弱，必然会直接导致一些贫困农户固守"要我干"思维，不会积极参与帮扶项目行动，从而最终制约帮扶实际效果。

### （六）投入缺口导致精准帮扶存在乏力现象

精准帮扶质和量的优化提速需要必要的投入保障，以近三年来为例，M 县财政扶贫专项资金每年仅 4000 万元左右，对于县内 64 个贫困村而言，平均每村所获资金投入相当有限。这使得结对帮扶中部分来源于事业单位的普通帮扶人员所能获取帮扶资金的渠道收窄，客观上产生"巧妇难为无米之炊"现象，难有更多具体帮扶措施落地。此外，由于 M 县经济主要依赖于第一产业和第三产业，财政收入与全省不少县域相比仍显偏低，对于交通、水利等基础设施投入主要依靠上级统筹支持，这从客观上也使脱贫攻坚基础设施建设及其他方面建设在投入上产生一定被动。

## 六、具体整改建议

本次评估的根本目的是对 M 县扶贫工作进行摸底式清查，重点是找出其中存在的问题和不足，以便促其抓紧整改以更好地迎接国家第三方评估验收。基于此，我们认为不妨把 M 县脱贫摘帽工作定位为一项紧迫的"建设工程"，如何使其在余下两个月左右的冲刺阶段巩固既有优势，努力改进不足，进而在"国评"中获得优秀成绩，这是当前应着力抓好的工作定位：

### （一）以查促建强化迎评质量

应尽快下发文件通知，以前所未有的严肃性和纪律性要求各有关部门、镇（街道）村主要领导尽快统一思想、端正态度，坚决杜绝侥幸，全力做好迎接"国评"工作的各项准备。

#### 1. 开展精细化自查

调动一切可以调动的力量，大幅度增派人手，深入开展一次精准扶贫工作自查活动，重点以精准扶贫、精准帮扶、精准脱贫"建档立卡"和扶贫资金项目档案管理两项工作为重心，将其中存在的时间、程序、数据、顺序等明显逻辑错误详细进行梳理记录，并做出具体整改建议，力争无遗漏、无死角。同时，还应明确强调清查阶段不追责，引导各级干部放下思想包袱，力求实现对扶贫工作管理现状的精准掌握。

#### 2. 开展网格化整改督查

建议各镇（街道）以村为单位将整改任务落实到每个班子成员头上进行包村整改，并就整改完成的时间、任务、标准立下明确要求。与此同时，将班子成员任务分解情况及整改承诺书面上报县扶贫工作领导小组，由县扶贫工作领导小组牵头县督查组进行督查。所有第一书记和驻村工作组队员要在镇（街道）党委政府的统一领导下，切实履行好自身工作职责，协助完成各村整改任务。县督察组则随机组织相关人员深入各镇（街道）、村，按照第三方评估基本模式，对其内外业工作随机抽样检查，并将检查结果及时通报，其检查结果应与单位及个人年终考核挂钩。

#### 3. 线下线上信息比对核查

与贵州省扶贫信息中心保持密切沟通，在可能的时间和规定范围内，组织各乡镇根据核查结果，实行专人专责，抓紧全面更新调整贫困户档案资料，并在逐项核实录入的同时，认真反复核对，努力提高信息准确率。在具体操作中，还应对已脱贫、2016年脱贫、2017年后脱贫三类贫困户的信息进行分类掌握，进行针对性更新，确保线上线下信息一致。此外，还应抓紧建立起贫困农户、帮扶责任人、驻村干部、村委会等多线交叉的信息反馈机制，强化相关信息变动敏感度，推动信息及时补充完善。

**4. 利用规则调整计划备查**

在不影响整体摘帽进程大局下，对于年度贫困脱贫计划及名单，县级扶贫部门应发挥一定自主权，抓紧对一些漏退、错退贫困户情况展开必要修正工作，具体可以"国评"时间为节点，将各村查实的各类型贫困户在退出时间上进行重组安排，如将确实无法实现脱贫的2016年计划贫困户调整到次年退出；将计划2017—2018年脱贫群体中的潜在漏退户调整到2016年退出；当然，也应将2016年前年错退户（人均纯收入明显低于3164元）重新纳入扶贫信息系统等。

**（二）以投促建补齐迎评短板**

**1. 投入资金**

鉴于M县扶贫资金存在一定缺口、相关基础设施和帮扶发展项目推进出现乏力的客观事实。短期内单纯依赖国家财政支持与现实要求显然不符。故应充分发挥财政金融机制在精准扶贫中的作用，用足用好扶贫再贷款等扶贫开发金融政策，尽快建立健全扶贫投融资平台以解资金不足的燃眉之急，目的是确保"国评"中的硬指标切实落地。如所融资金可优先用于涉及"两不愁、三保障"人饮工程、移民安置工程、道路硬化工程、教育项目、医疗卫生等2016年度项目的末端完善工作。同时，还应针对一些贫困户仍缺乏具体扶持项目的实际情况，抓紧相关信息汇总分析，统筹配置好因户施策的扶持资金、项目投向，确保各贫困户，特别是2016年贫困户至少有一项具体帮扶项目到位并力争产生实效。

**2. 投入人力**

鉴于各镇（街道）、村建档立卡复查、线上线下登录更新，资金项目档案管理等工作量浩大，且需要一定专业素质的人参与的事实，应考虑拨出专款，鼓励各镇（街道）尽快增派人手、添置设备。同时，应重点组织好档案、教育等部门专职人员参与进来，发挥其专长，抓紧对各镇（街道）、村人员展开相关业务培训。此外，还应尽快结合国家评估和省发26号文件要求，制定高标准、规范化的建档立卡资料模板，确保能迅速提高信息更新效率，以及档案管理质量。

3. 投入激励

脱贫摘帽是当前M县政治生活中的头等大事，鉴于驻村第一书记担子重工作量大，帮扶责任人需要投入不少时间精力的客观事实。应在既有激励考核的基础上，针对不同扶贫工作参与者，尽可能更多地设置荣誉、经济等形式的鼓励来充分肯定整个摘帽行动中的先进团队和个人，同时应利用微信平台、邮箱等形式，面向广大基层及时捕捉精准识别、精准帮扶、精准脱贫具体工作中涌现出的有效创新点，并予以及时通报表彰。此外，还应注意开展更严格更多样的督查治理，在冲刺时期，督察组可针对工作不力的单位和个人实行日通报制度以激发各方更大的责任心、积极性。

4. 投入"外脑"

不识庐山真面目，只缘身在此山中。在时间紧迫情况下，可考虑沟通联系一定的县域外专家团队，利用其专业眼光和信息手段问诊"国评"工作中可能存在的风险和问题，及时对症下药展开改进。如由专家对建档立卡的自查工作和督查整改提供咨询，并在档案管理中提供专业指导和模板设计。此外，鉴于扶贫资金管理已被纳入"国评"内容。为此，县政府可考虑借助专家团队力量，针对扶贫资金项目管理中的运行程序、资金使用、到户情况、档案资料等方面是否规范齐全来开展精准化自查自纠，并有针对性进行一定培训等，均可视为积极而合理的迎接"国评"工作准备范畴。

（三）以宣促建提升迎评效果

扶贫宣传到位与否，直接影响贫困镇、村中每一名居民，特别是贫困户对于精准扶贫、精准脱贫工作的认知度和满意度评价。必须注意到，由于对国家扶贫政策的不了解，部分村民因误解而产生的抱怨情绪可能会成为影响"国评"效果的风险因素。为此，应针对精准识别、精准帮扶和精准退出的基本政策来展开强化性宣传。

1. 解答清楚"扶持谁？"的疑问

应把国家贫困线划分标准，以及"两不愁、三保障"为核心的"四看法"基本含义说清楚，同时，应介绍精准识别"两公示一公告"的基本程序。此外，结合我省"应扶尽扶"和"应保尽保"的基本扶持政策，还应让群众大致明白"贫困户""低保户""低保贫困户"的基本评定划分原则。

2. 解答清楚"怎么扶？"的疑问

这其中应重点介绍我省目前主要实施的扶持政策如"五个一批""特惠贷"等重要扶持措施的相关条件和基本操作路径，切实扩大贫困户的知情权，使其打消顾虑、珍惜机会，激发出由"要我干"为"我要干"的参与积极性。

3. 解答清楚"谁来扶？"的疑问

为此，应介绍清楚驻村工作队、驻村第一书记和帮扶责任人的基本职责，让群众大致了解驻村工作队和第一书记"干了些什么？"和"可以干什么？"。此外，由于历史原因，M县实行的是"大村制"，驻村第一书记面对的贫困人口和分布面积相对分散广阔，因而工作量较大，可以考虑使用名片等形式，将驻村第一书记的照片和联系方式印制出来，并对辖区贫困户进行分发，这样既便于服务，又增强印象。

4. 解答清楚"谁应退？"的疑问

这是提高脱贫农户对于精准退出结果知晓度和对脱贫户确认程序满意度的重要环节，为此，应重点介绍"精准脱贫"的基本标准，以及与此相关"两公示一公告"的基本程序。总而言之，在进行扶贫宣传的过程中，应始终注意节约、高效的原则，切忌花哨烦琐。并可利用大量现成工具展开，如宣传栏、黑板报、宣传画、广播电视、手机短信、微信公众号等形式。同时，还应利用驻村工作队及帮扶责任人通过走访拉家常等形式，对脱贫户、贫困户、低保户和普通农分别进行有针对性的强化宣传引导。

# 附录2 贵州省Y县扶贫工作成效县级第三方评估❶

## 一、评估指导思想及工作概况

### (一)评估任务来源

为深入贯彻落实党中央、国务院关于打赢脱贫攻坚战的决定,根据中办国办《省级党委和政府扶贫开发工作成效考核办法》《贵州市县两级党委和政府扶贫开发工作成效考核办法》,并认真结合近来召开的"全省脱贫攻坚工作推进大会"相关重要精神,切实做到识真贫、扶真贫、真扶贫,以更好地迎接国家、省、市即将对Y县精准扶贫工作成效进行的考评工作,Y县县委、县政府决定在全县范围内就2017年扶贫工作成效开展第三方评估。受Y县扶贫办委托,我们组织了评估团队对该县开展了为期一个月的扶贫工作成效第三方评估工作。

本次面上评估的时间截点为2017年12月1~5日,报告完成时间为2018年1月5日❷。

### (二)评估指导思想和基本原则

以邓小平理论、"三个代表"重要思想、科学发展观、习近平新时代中国特色社会主义思想为指导,认真贯彻落实党的十九大精神和中央、省委关于打

---

❶ 评估团队主要参与者为:李华红、韩缙、邓小海、王红霞、赵琴等人。

❷ 在本次第三方评估工作结束后不久,2018年1月10日,国务院下发《国务院扶贫开发领导小组关于在扶贫考核中切实减轻基层工作负担的通知》,该通知要求"市级及以下未经省级扶贫开发领导小组批准不得自行开展第三方评估"。

赢脱贫攻坚战的决定精神，按照中办、国办《省级党委和政府扶贫开发工作成效考核办法》（厅字〔2016〕6号）、《贵州市县两级党委和政府扶贫开发工作成效考核办法》（黔委厅字〔2016〕26号）等多个文件的要求，深入调研了解Y县精准扶贫工作落实的进展情况，全面评估其治贫脱贫中的亮点、不足，以及重点、难点等问题，归纳总结实践经验，为切实提高Y县贫困人口收入、不断增强贫困人口可行能力、全面消除绝对贫困和改善民生做出积极贡献。

本次第三方评估严格遵循独立性、客观性、公正性、透明性、专业性、权威性、针对性、有效性和可操作性原则。

**（三）评估依据、内容、目的与任务**

1. 评估依据

本次评估主要以《国务院扶贫办关于印发〈扶贫开发建档立卡工作方案〉的通知》（国开办发〔2014〕24号）、《中办、国办关于印发〈省级党委和政府扶贫开发工作成效考核办法〉》（厅字〔2016〕6号）、《贵州省扶贫开发建档立卡工作实施方案》（黔扶领办通〔2014〕4号）、《中共贵州省委贵州省人民政府关于坚决打赢扶贫攻坚战确保同步全面建成小康社会的决定》（黔党发〔2015〕21号）、《贵州省脱贫攻坚工作督查实施办法》（黔委厅字〔2016〕23号）、《贵州市县两级党委和政府扶贫开发工作成效考核办法》（黔委厅字〔2016〕26号）、《贵州省扶贫对象精准识别和脱贫退出程序管理暂行办法》（黔委厅字〔2016〕35号）、《贵州省脱贫攻坚问责暂行办法》（黔委厅字〔2016〕36号）、《关于进一步做好贫困人口精准识别查漏补缺工作的实施方案》（黔扶通〔2017〕38号）等为依据。

2. 评估内容

本次评估主要从以下几个方面来对Y县精准扶贫工作进行评估。

（1）贫困人口识别的精准性。全面了解贫困户真实生产生活状况，测算家庭人均可支配收入，核实贫困人口识别的精准性。包括：贫困户错评率、贫困户漏评率等。

（2）贫困人口退出准确率及脱贫效果的真实性。核查执行相关文件所规定的有关脱贫认定的标准、步骤、程序等情况，核实已脱贫的贫困户是否真正脱贫，有没有入户调查、和群众一起算账，群众是否认账，有没有存在"数字脱贫""被脱贫"现象等。包括脱贫户错退率、脱贫户漏退率等。

（3）因村因户帮扶工作群众满意度及干部工作作风等问题。核查群众对贫困户识别是否满意；对驻村工作队是否满意；对帮扶责任人是否满意、对帮扶方式是否满意、对贫困户脱贫及帮扶工作效果是否满意；驻村工作队（组）会第一书记是否走访过贫困户、是否帮助贫困户分析主要致贫原因、帮助贫困户理清增收途径等。

（4）贫困户识别程序的规范性。按照国家、省市扶贫办规定的方法、步骤和程序等要求，核实在贫困户识别和退出过程中程序、步骤是否规范完备、贫困户建档立卡信息是否准确。

### 3. 评估目的

本次评估严格按照国家第三方评估基本程序展开，其总目标：一是认真学习好、贯彻好、执行好中央、省市相关文件精神尤其是《省级党委和政府扶贫开发工作成效考核办法》（厅字〔2016〕6号）、《贵州市县两级党委和政府扶贫开发工作成效考核办法》（黔委厅字〔2016〕26号）等文件精神；二是以期通过"以评促抓""以评促建""以评促改"等措施手段，来最终达到以评促科学化、精准化扶贫之目的。

具体目的有：一是提高Y县政府扶贫工作事前决策的科学性、事中的精准性、事后的效率效果性，全面把握政策落实情况。二是对基层干部、群众进行扶贫政策宣传并回应群众关切，提高扶贫工作的参与度和透明度。三是通过"点、线、块、面"的实地调研与数据分析，解析Y县扶贫攻坚中存在问题与困难，掌握政策落实尚存差距的原因或症结，便于县委、县政府从宏观战略高度做好决策部署。四是为Y县政府扶贫开发工作考核进行"预演"，以期查漏补缺、积累经验、做好整改，确保为Y县精准扶贫、精准脱贫工作开创新局面。

### 4. 评估任务

本次第三方评估的任务主要有如下几方面。

一是"查"，即查建档立卡资料的规范性、完整性，以及进村入户对贫困户的相关情况进行全面调查。

二是"看",即看镇委、镇政府的精准扶贫思路,看扶贫干部的精气神,看贫困群众的信心及发展,以及看"点""线""面"上所呈现出的亮点或不足。

三是"听",即听群众对相关政策的评价反响、听群众对干部做事(扶贫)的反映、听群众真实的诉求等。

四是"找",即帮助县委、县政府找扶贫工作中的不畅、不力、不足。

五是"评",即根据第三方评估的具体要求,对各乡镇进行具体的考核测评。

六是"改",即帮助Y县厘清精准扶贫工作思路,提出全面整改建议,为迎接相关考评打好基础。

**(四)评估时间、对象及样本选取**

根据Y县扶贫办工作安排,本次评估相关工作安排如下。

1. 评估时间

本次面上评估时间从2017年12月1日始,至12月5日结束。报告完成时间为2018年1月5日。

2. 评估对象

根据县扶贫办工作安排,本次第三方评估共抽取了全县10个乡镇(包括街道办)("线")、12个贫困村("点")即大龙镇新坪村、东山乡万里村、中欣镇沙堆村和高炉村、兰溪镇柏林村、松山镇二龙村、金龙镇小河村、皮树镇葛旁村和高坡村、金江镇关塘村、黄泥镇哨溪村、罗营街道办罗营社区进行评估。

3. 样本选取

(1)选样原则

根据县扶贫办工作安排,本次第三方评估对全县10个乡镇进行入户调查的计划样本量为600户。具体选样原则是:①待评村的选定主要以县扶贫办平时掌握的情况为依据,一般以工作重点村为待评对象。②以2017年拟脱贫出列的6个村为重点,按每村查60户计算,拟调查360户。③罗营街道办随机调查15户（其中至少调查1户一般贫困户）。④其余5个乡镇各查1个贫困村（有出列村的优先调查），每村计划查45户，共计225户。⑤抽样过程中尽量做到全类型覆盖，即脱贫户、贫困户、非贫困户（一般户）都要兼顾到，且同时各个村的各村组要尽量都"走到"。⑥评估调研过程中，综合考虑相关因素如农户外出、贫困户实际调查难度等，可对拟随机抽取的贫困户进行适当微调。

（2）样本基本情况

本次评估共调查农户家庭721户，实际有效户数为629户，除位于城区的罗营社区样本量为20户外，其余各被评村调查样本数均在40~65之间，各村具体抽样情况如表4所示。

表4 Y县各行政村调查样本基本情况

| 乡镇名 | 村名 | 调查户数（户） | 户籍人口（人） | 实际人口（人） | 常住人口（人） |
|---|---|---|---|---|---|
| 大龙镇 | 新坪村 | 60 | 226 | 245 | 150 |
| 东山乡 | 万里村 | 53 | 189 | 197 | 128 |
| 中欣镇 | 沙堆村 | 64 | 365 | 377 | 278 |
| 中欣镇 | 高炉村 | 63 | 368 | 395 | 294 |
| 兰溪镇 | 柏林村 | 47 | 197 | 194 | 126 |
| 松山镇 | 二龙村 | 48 | 167 | 158 | 126 |
| 金龙镇 | 小河村 | 42 | 174 | 172 | 110 |
| 皮树镇 | 葛旁村 | 61 | 253 | 254 | 167 |
| 皮树镇 | 高坡村 | 63 | 220 | 228 | 153 |
| 金江镇 | 关塘村 | 62 | 241 | 254 | 163 |
| 黄泥镇 | 哨溪村 | 46 | 175 | 183 | 130 |
| 罗营街道办 | 罗营社区 | 20 | 59 | 74 | 63 |
| 全县合计 |  | 629 | 2498 | 2731 | 1888 |

数据来源：实地调查所得。

从调查样本类型情况来看，全县共调查非贫困户262户、占比41.7%，贫困户139户、占比22.1%，脱贫户228户、占比36.2%。各乡镇样本分类情况详见表5。

**表5　Y县各乡镇调查样本分类情况**

单位：户

| 乡镇名 | 非贫困户 | 贫困户 | 脱贫户 | 评估总户数 |
| --- | --- | --- | --- | --- |
| 松山镇 | 10 | 15 | 23 | 48 |
| 兰溪镇 | 13 | 20 | 14 | 47 |
| 金龙镇 | 21 | 7 | 14 | 42 |
| 皮树镇 | 43 | 21 | 60 | 124 |
| 中欣镇 | 46 | 35 | 46 | 127 |
| 大龙镇 | 30 | 11 | 19 | 60 |
| 东山乡 | 31 | 9 | 13 | 53 |
| 金江镇 | 32 | 6 | 24 | 62 |
| 黄泥镇 | 24 | 7 | 15 | 46 |
| 罗营街道办 | 12 | 8 | 0 | 20 |
| 全县合计 | 262 | 139 | 228 | 629 |

数据来源：实地调查所得。

通过表4、表5可知，需提请关注的人口学特征如下：

——户籍人口数与实际人口数不一致问题。全县629户有效受评户的户籍人口数为2498人，实际人口数为2731人，即实际人口数高出户籍人口数97人，这种人口数"不吻合"的情况要高度重视，有可能会对全县贫困人口的精准识别及相关指标（如贫困发生率）的计算造成一定影响。

——实际人口数与常住人口数不一致问题。从抽样受评情况来看，受评户家庭常住人口数要小于实际人口数，说明Y县是一个人口净流出县——约有1/3的人口外出，且外出时间在半年以上，大量人口外出对全县精准扶贫工作必然会提出较大挑战。也就是说，在实际扶贫工作中还应进一步加强对农村流动人口的管理。

——抽样比例适当"倾斜"。由于此次评估紧盯"两率一度"即着重评估贫困人口精准识别和精准退出情况，因而在评估抽样中较多地抽取了非贫困户和脱贫户进行评估。

## （五）评估程序与工作思路

### 1. 评估程序

本次评估主要按照以下四个程序进行。

第一步，做好前期准备。召开专家会议，商议评估工作方案，细化调研提纲，开展问卷设计，提出数据要求，培训评估人员等。具体要求是对本次评估的目的和内容、评估标准、评估方法及技巧等要做到了然于胸，尤其是对待评"点"要通过各种方式提前做好"功课"，以免被"牵着鼻子走"。

第二步，开展评估调查。整个评估以问卷调查（参照2016年版国家第三方评估标准问卷）为主，并具体以"查""访""阅"形式来开展相关的实地评估。即通过村内外/户内外实地查看、访谈"关键人"（包括面对面特定对象访谈、随机访谈和电话访谈等）、阅审相关印证材料或记录（如一户一档材料、连心袋材料、户口本等）收集和掌握好第一手信息。整个评估始终以过程管理为重即"查""访""阅"相互配合，随时交互信息，如若发现貌似"可疑点"或"可疑问题"时及时跟进核实，真正做到"三线合一"再确认、细评估。

第三步，核实与反馈。与镇村领导或干部、村党员、村民代表或其他知情人士进行访谈交流或相关信息核实，便于准确掌握好事情、实情并客观、公正"打分"。且在访谈交流或信息核实过程中，还将视情况召开相关反馈会，即就评估工作中发现的重要问题进行口头反馈，以便镇村第一时间自查整改。

第四步，撰写并提交评估报告。评估组汇总"情况汇报""现场调查""资料查验""统计数据"等的结果，进行综合判断，召开专家组评估会议，讨论形成总体评估意见。

### 2. 工作思路

本次评估坚持客观公正原则，并以政策为准绳、细查为手段、问题为导向、整改为重心、精准为目的，严格按照贫困户"精准识别—精准帮扶—精准退出"的逻辑思路,全面严谨地对受评乡镇精准扶贫工作进行系统评估。循此思路,一是内、外业双线同评,二是入户"明察"与随机"暗访"同施,三是镇、村、户三级同查,四是理论(政策领会)与实践(具体评估)同步,统一认识、规范尺度、去伪存真,确保每户调查的真实性,每处评估的科学性、有效性。

### (六)组织实施过程

**1. 评估方法**

本次对Y县10个乡镇的评估,在方法上主要采用入户问卷调查、电话抽查、随机暗访、半结构式访谈、材料搜集、档案资料查阅、数据量化分析、打分法等方法。

**2. 路线与调查执行**

本次评估团共计有25人,设组长、副组长各1名。整个评估团在工作中共分为五个小组,每个小组由1名带队专家、4名组员组成。组长全面负责协调各组调研及相关评估工作。五个小组对Y县10个乡镇的实地评估历时5天,其大致行程安排为(见表6)。本次评估严格围绕"两率一度"、内外业等重点来做好相关调查,除文字记录外,评估组还对关键"人""物"或资料等作了必要拍照记录。工作中原则上要求各村对每位调查员仅安排向导一人,随机暗访过程则拒绝任何形式陪同。整个评估过程严格遵守"第三方"立场,拒绝任何形式的意见偏向。

表6 调研行程安排

| 组别 | 12月1日 | 12月2日 | 12月3日 | 12月4日 | 12月5日 |
| --- | --- | --- | --- | --- | --- |
| 一组 | 松山二龙村 | 松山二龙村 | 兰溪柏林村 | 兰溪柏林村、金龙小河村 | 金龙小河村 |
| 二组 | 皮树葛旁村 | 皮树葛旁村 | 皮树高坡村 | 皮树高坡村 | 金龙小河村 |
| 三组 | 中欣沙堆村 | 中欣沙堆村 | 中欣高炉村 | 中欣高炉村 | 罗营街道办罗营社区 |
| 四组 | 大龙新坪村 | 大龙新坪村 | 东山万里村 | 东山万里村 | 金龙小河村 |
| 五组 | 金江关塘村 | 金江关塘村 | 黄泥哨溪村 | 黄泥哨溪村 | 罗营街道办罗营社区 |

3. 数据审核与录入

每天面上的调查工作结束后，由评估组长、带队专家召集相关成员召开每日睡前例会，就当天的"新发现""新问题""新疑点"及判断尺度等进行交流讨论，并当场对问卷交叉审核，此项工作每每都要进行到深夜一两点。每个受评"点"调查结束时，评估组成员一方面要撰写调查笔记，另一方面还要通过EXCEL电子表格交叉录入数据，确保数据录入的及时性、准确性。

（七）评估工作中的创新做法

本次评估工作的创新做法主要表现为：

1. 方法上的"当场"打分法

在总结前期多地评估经验的基础上，本评估团队通过认真研究自设一套打分指标体系，拟对受评乡镇的精准扶贫工作进行总体性的"当场"打分。其目的一方面可以使得我们的评估工作更加规范化、条理化和高效化，更加有针对性、靶向性和指导性，另一方面也便于对各受评乡镇进行扶贫成效比较或排序。

2. 做法上的"杀回马枪"

评估组对调查员、暗访员在调查或暗访中所发现的一些"重点""难点"或"疑点"问题进行认真研究的同时，为了把问题核清核实，抑或为了评估的"准确性"，评估组对有些受评点还进行了杀回马枪式的"回头评""回头调（查）""回头访"，效果甚好。

3. 样本选择上的"不盲信"

各受评乡镇由于有很多农户都外出务工而不在家，在抽样时不得不事先请当地干部将在家农户"勾选"出来，而这样一来又可能规避掉一些"实情"或"隐情"。为此，评估组在入户调查时并未局限于"已勾选"农户，而是"边走边看"，感觉某些"未勾选"户有必要去"看一看"时就直奔其家，最大限度地保证了调查的随机性、主动性，从而确保增大"意外"之获概率。

4. "评估+"

本次在Y县各乡镇的评估不只是一个问卷调查的过程，实际上还做了如下几方面工作：一是"评估+政策宣传"，即通过评估进行了相关的扶贫政策宣传；二是"评估+困惑解释"，即在评估中我们还针对基层干部所遇到的一些疑惑问题如贫困发生率、错评、漏评、错退、漏退、人均可支配收入计算等进行了专业的学理解释；三是"评估+情绪安抚"，即由于精准扶贫中很多基础性工作相当烦琐、复杂，甚至有些工作由于相关扶贫政策变化或调整还可能是"做无用功"，基层干部对此多有怨言。鉴于此，我们在评估中积极主动地从思想、认识、意义、目的等角度对这些基层干部或群众做了思想工作或情绪安抚工作；四是"评估+信息采集"，即对受评户进行了较为翔实的信息再采集工作。

5. **整改建议"出思路"**

评估组针对评估中所发现或存在问题及时给出整改建议的同时，还从宏观上给出"大思路""大创想""大理念"，如建立常态化的"回头评"制度、建档立卡资料的三级管理模式、建档立卡资料完善好的标准即"不需要人给评估专家解释就能让其看懂材料"等。可以说，我们的评估既有微观上的"把脉问诊"，又有宏观上的"出谋划策"。

## 二、评估主要内容与评估结果

### （一）各乡镇"两率一度"评估结果

1. 评估标准及判别依据

在评估各乡镇精准扶贫工作成效时严格按照相关精神执行，即具体按以下标准执行：

（1）漏评判别依据

A. 收入线：农民家庭人均纯收入低于当年国家扶贫标准线（比照2010年为2300元不变价的贫困标准，2014年为2800元，2015年为2968元，2016年为2952元，2017年为3335元）。

B. 保障法：根据贵州省精准识别制定的相关保障要求（黔扶通〔2017〕38号），进行漏评判断。

C. 统筹考虑"三保障"因素：一是农户家庭有子女在义务教育阶段因贫辍学；二是农户家庭有家庭成员患大病或长期慢性病，且刚性支出较大，直接影响了正常生产生活；三是无房或居住用房是 C、D 级危房的农户，且无其他安全住房的。

（2）错退判别依据

符合以下几种情形之一的脱贫户评估为错退。

A. 入户调查访谈后，调查员测算出的 2017 年家庭人均纯收入明显低于 3335 元的脱贫户评估为错退户。

B. "您家是否已能做到不愁吃？"和"您家是否已能做到不愁穿？"中有一项回答为"否"，并征得调查员认可的脱贫户评估为错退户。

C. 退出程序明显有悖于"两公示一公告"程序的脱贫户评估为错退户。

D. 属于"七个不能退"情形之一的脱贫户评估为错退户（即：一是没有解决安全饮水的不能退；二是收入及"两不愁三保障"达标但因灾、因学、因病等仍然处于困难状况的不能退；三是义务教育阶段有辍学学生的不能退；四是住危房或新建、改建房屋没有达到入住条件的不能退；五是易地扶贫搬迁未入住或刚刚入住的不能退；六是家庭成员患大病未治愈的不能退；七是没有得到任何一项帮扶措施的不能退）。

（3）计算公式

具体计算公式为：

A. 错评率 = 错评户数量 / 贫困户数量

B. 漏评率 = 漏评户数量 / 非贫困户数量

C. 错退率 = 错退户数量 / 脱贫户数量

D. 漏退率 = 漏退户数量 / 贫困户数量

2. 精准性评估结果

——从"问题户"绝对数来看，全县受评总样本中发现：错评 1 户、漏评 28 户、错退 47 户、漏退 17 户，另提请特殊关注户 39 户。从其评估结果可看出（见表 7），全县最突出的问题是错退现象严重、多达 47 户，其次是漏评问题、达 28 户。当然，在实际扶贫工作中一些"特殊关注户"也亟须相关部门高度重视。这里"特殊关注户"是指随时可能陷入贫困状态的农户，即贫困脆弱性较强农户。

——从全县"两率"情况来看，全县受评总样本中：①错评率为 0.72%；②漏评率为 10.69%，高于相关国家标准即漏评率不得高于 1% 的退出标准 9.69 个百分点；③错退率为 20.61%，高于相关国家标准即错退率不得高于 2% 的退出标准 18.61 个百分点；④漏退率为 12.23%。由此可看出，Y 县扶贫工作成效离国家所规定的摘帽标准还有一定差距，精准扶贫工作还需进一步加强。

——从各乡镇"两率"情况来看，错评率最高的是东山乡，其错评率为 11.11%；漏评率最高的是松山镇，漏评率为 20.00%；错退率最高的是金江镇，错退率为 29.17%；漏退率最高的是兰溪镇，漏退率为 60.00%。具体情况如表 8 所示。

表 7　各乡镇"问题户"绝对数情况

单位：户

| 乡镇名 | 错评户数 | 漏评户数 | 错退户数 | 漏退户数 | 特殊关注户 |
| --- | --- | --- | --- | --- | --- |
| 松山镇 | 0 | 2 | 6 | 1 | 0 |
| 兰溪镇 | 0 | 2 | 1 | 12 | 1 |
| 金龙镇 | 0 | 2 | 0 | 1 | 2 |
| 皮树镇 | 0 | 8 | 16 | 0 | 7 |
| 中欣镇 | 0 | 3 | 7 | 2 | 17 |
| 大龙镇 | 0 | 3 | 3 | 1 | 1 |
| 东山乡 | 1 | 2 | 3 | 1 | 2 |
| 金江镇 | 0 | 3 | 7 | 0 | 5 |
| 黄泥镇 | 0 | 3 | 4 | 0 | 3 |
| 罗营街道办 | 0 | 0 | 0 | 0 | 1 |
| 全县合计 | 1 | 28 | 47 | 17 | 39 |

数据来源：实地调查所得。

表8 各乡镇"两率"情况

单位：%

| 乡镇名 | 错评率 | 漏评率 | 错退率 | 漏退率 |
| --- | --- | --- | --- | --- |
| 松山镇 | 0.00 | 20.00 | 26.09 | 6.67 |
| 兰溪镇 | 0.00 | 15.38 | 7.14 | 60.00 |
| 金龙镇 | 0.00 | 9.52 | 0.00 | 14.29 |
| 皮树镇 | 0.00 | 18.18 | 26.67 | 0.00 |
| 中欣镇 | 0.00 | 6.52 | 15.22 | 5.71 |
| 大龙镇 | 0.00 | 10.00 | 15.79 | 9.09 |
| 东山乡 | 11.11 | 6.45 | 23.08 | 0.00 |
| 金江镇 | 0.00 | 9.38 | 29.17 | 0.00 |
| 黄泥镇 | 0.00 | 12.50 | 26.67 | 0.00 |
| 罗营街道办 | 0.00 | 0.00 | 0.00 | 0.00 |
| 全县合计 | 0.72 | 10.69 | 20.61 | 12.23 |

数据来源：实地调查所得。

### 3. 满意度评估结果

对帮扶工作满意度情况的调查主要是针对贫困户和脱贫户两类群体，具体包括两类群体对帮扶方式是否满意、驻村工作队到位情况是否满意、帮扶责任人到位情况是否满意、帮扶成效是否满意等四种情况。

（1）总体满意度评价

从表9可以看出，两类受评群体的总体满意度评价情况如下：帮扶责任人到位情况满意度93.24%、帮扶方式满意度90.88%、帮扶成效满意度90.0%、驻村工作队到位情况满意度80.0%。

也就是说，两类受评群体对帮扶责任人最满意，而对驻村工作队到位情况相对最不满意。总体来讲，这个统计结果与实际评估所了解情况基本一致。实际调研中，评估组发现很多农户对驻村工作队"未听说过""不知道""不了解"的现象非常突出，即使驻村工作队第一书记走访过某农户，该农户也可能只是知道他是一个"领导"，至于什么身份或"模棱两可"或"一概不知"。

因而，各驻村工作队在扶贫工作中除了要一如既往地"尽职尽责"外，还需提高与农户的沟通交流技巧，最大限度地扩大其知晓度和美誉度。

表9 总体满意度情况

单位：%

| 乡镇名称 | 帮扶方式满意度 | 驻村工作队到位情况满意度 | 帮扶责任人到位情况满意度 | 帮扶成效满意度 |
|---|---|---|---|---|
| 大龙镇 | 96.67 | 80.00 | 90.00 | 96.67 |
| 东山乡 | 95.45 | 54.55 | 77.27 | 77.27 |
| 中欣镇 | 95.06 | 93.83 | 98.77 | 92.59 |
| 兰溪镇 | 92.59 | 88.89 | 96.30 | 92.59 |
| 松山镇 | 93.55 | 80.65 | 96.77 | 90.32 |
| 金龙镇 | 92.31 | 53.85 | 84.62 | 84.62 |
| 皮树 | 96.15 | 97.44 | 98.72 | 97.44 |
| 金江镇 | 51.72 | 37.93 | 82.76 | 65.52 |
| 黄泥镇 | 85.71 | 57.14 | 80.95 | 85.71 |
| 罗营街道办 | 100.00 | 62.50 | 100.00 | 100.00 |
| 全县合计 | 90.88 | 80.00 | 93.24 | 90.00 |

数据来源：实地调查所得。

（2）不同类型贫困户满意度评价

为了更好地抓住问题的本质，评估组还按照贫困户和脱贫户两种类型分别统计出了其帮扶工作的满意情况（如表10、表11所示）。

——脱贫户和贫困户最满意的均是"帮扶责任人到位情况"，其满意度分别为92.72%、94.03%。

——脱贫户和贫困户最不满意的也均是"驻村工作队到位情况"，其满意度分别为79.13%、81.34%。

——贫困户对"帮扶方式""帮扶成效"的满意度均为93.28%。

——脱贫户对"帮扶方式""帮扶成效"的满意度分别为89.32%、87.86%。

由上述统计结果可看出，贫困户对帮扶工作的满意度情况普遍要高于脱贫户的，究其原因可能与各乡镇脱贫程序是否真正到位有密切关系。调研中，评估组发现很多村的脱贫工作细节做得不够扎实，甚至没有严格按照脱贫程序进行，如未曾与农户面对面算账确认就将其脱贫，甚至有些脱贫户不但不知道自己"脱贫"，反而还询问调查员脱贫是什么意思等。因此，在这样一种情况下，脱贫户不满情绪就必然较高，对其满意度评价也必然相对较低。

表 10　脱贫户满意度情况

单位：%

| 乡镇名称 | 帮扶方式满意度 | 驻村工作队到位情况满意度 | 帮扶责任人到位情况满意度 | 帮扶成效满意度 |
|---|---|---|---|---|
| 大龙镇 | 94.74 | 78.95 | 89.47 | 94.74 |
| 东山乡 | 100.00 | 53.85 | 92.31 | 84.62 |
| 中欣镇 | 93.48 | 91.30 | 97.83 | 86.96 |
| 兰溪镇 | 100.00 | 100.00 | 100.00 | 100.00 |
| 松山镇 | 94.12 | 82.35 | 100.00 | 94.12 |
| 金龙镇 | 85.71 | 42.86 | 71.43 | 71.43 |
| 皮树 | 96.55 | 100.00 | 100.00 | 98.28 |
| 金江镇 | 52.17 | 30.43 | 78.26 | 60.87 |
| 黄泥镇 | 78.57 | 57.14 | 71.43 | 78.57 |
| 全县合计 | 89.32 | 79.13 | 92.72 | 87.86 |

数据来源：实地调查所得。

表 11　贫困户满意度情况

单位：%

| 乡镇名称 | 帮扶方式满意度 | 驻村工作队到位情况满意度 | 帮扶责任人到位情况满意度 | 帮扶成效满意度 |
|---|---|---|---|---|
| 大龙镇 | 100.00 | 81.82 | 90.91 | 100.00 |
| 东山乡 | 88.89 | 55.56 | 55.56 | 66.67 |
| 中欣镇 | 97.14 | 97.14 | 100.00 | 100.00 |

续表

| 乡镇名称 | 帮扶方式满意度 | 驻村工作队到位情况满意度 | 帮扶责任人到位情况满意度 | 帮扶成效满意度 |
|---|---|---|---|---|
| 兰溪镇 | 88.89 | 83.33 | 94.44 | 88.89 |
| 松山镇 | 92.86 | 78.57 | 92.86 | 85.71 |
| 金龙镇 | 100.00 | 66.67 | 100.00 | 100.00 |
| 皮树 | 95.00 | 90.00 | 95.00 | 95.00 |
| 金江镇 | 50.00 | 66.67 | 100.00 | 83.33 |
| 黄泥镇 | 100.00 | 57.14 | 100.00 | 100.00 |
| 罗营街道办 | 100.00 | 62.50 | 100.00 | 100.00 |
| 全县合计 | 93.28 | 81.34 | 94.03 | 93.28 |

数据来源：实地调查所得。

## （二）各乡镇综合评估结果

### 1. 综合评分指标选取及权重确定

精准扶贫工作是一项复杂的系统工程，所涉及领域相当多。因此，为更加全面地"自查"或摸清全县精准扶贫工作成效情况，评估组在实际评估中除了完成对"两率一度"这样的规定动作的评估外，还结合有关文件精神及以往多次为地方开展评估的经验，自行设计和构建一套能客观全面反映各乡镇精准扶贫工作情况的评估指标体系。总体上，该指标体系关涉精准扶贫工作的十大重要领域即：识别准确性、基础设施建设情况、村容村貌状况、村内民主与矛盾纠纷状况、乡镇领导扶贫意识及思路、产业发展状况、内业文档资料、群众满意度情况、村级迎评意识及总体印象评价，总共涉及21项二级指标（详见表12）。

当一、二级指标确定后，对各指标权重的赋予则显得尤为重要。指标权重最常用的确定方法是德尔菲法即专家法，其主要特点是根据专家的知识和经验确定指标权重。在本项有关指标权重的赋予中，评估组在采用德尔菲法的同时还根据国务院及贵州省委省政府对精准扶贫评估工作的相关政策文件予以确定。评估组最终确定的权重情况是：整个指标体系满分为100分，其中识别准确性的权重占到60%，群众满意度和内业文档资料权重各占10%，其余七项一级指标合计占20%的权重（各级指标的具体权重情况见表12）。

表12 各乡镇综合评估指标体系构建

| 一级指标 | 二级指标 |
| --- | --- |
| （一）识别准确性（60分） | 1. 漏评率（30分） |
| | 2. 错退率（30分） |
| （二）基础设施建设状况（3分） | 3. 水（1分） |
| | 4. 电（1分） |
| | 5. 路（1分） |
| （三）村容村貌状况（2分） | 6. 村容村貌状况（2分） |
| （四）村内民主与矛盾纠纷状况（3分） | 7. 村内民主与矛盾纠纷状况（3分） |
| （五）乡镇领导扶贫意识及思路（4分） | 8. 扶贫意识（2分） |
| | 9. 扶贫思路（2分） |
| （六）产业发展状况（3分） | 10. 产业发展状况（3分） |
| （七）内业文档资料（10分） | 11. 是否有专门的档案室（2分） |
| | 12. 档案资料是否有专人管理（2分） |
| | 13. 档案资料管理是否有序（2分） |
| | 14. 档案资料真实度高不高（2分） |
| | 15. 线上线下一致性程度（2分） |
| （八）群众满意度情况（10分） | 16. 对现有的帮扶方式满意程度（2.5分） |
| | 17. 帮扶工作效果满意程度（2.5分） |
| | 18. 对帮扶责任人的满意程度（2.5分） |
| | 19. 对驻村工作队的满意程度（2.5分） |
| （九）村级迎评意识（2分） | 20. 村级迎评意识（2分） |
| （十）总体印象评价（3分） | 21. 总体印象评价（3分） |

说明：评估组根据以往评估经验自行设计。

**2. 各乡镇综合得分及排名**（见表13）

基于实际调查所获统计数据及实地查看、明察暗访等方式获取的相关信息，评估组对各乡镇进行了综合评分。各指标具体的给分标准为：

（1）由于国家第三方评估是"只做加法不做减法"，即漏评户和错退户要统计在贫困发生率中，因此评估组也是紧盯"漏评率"和"错退率"并根据国家标准（漏评率要小于1%，错退率要小于2%）对其赋分。各乡镇的漏评率实际得分 =1%/ 抽样漏评率 ×30；错退率实际得分 =2%/ 抽样错退率 ×30。

（2）各乡镇的满意度实际得分分两种情况：一是等于满分（若抽样满意度≥ 90%）；二是等于 0 分（若抽样满意度＜ 90%）。

（3）其余各项指标采用李克特五级量表法确定具体得分。

依上述评分标准，评估组对各乡镇的综合评分结果如表14所示。总体来看，除了罗营街道办外，其他乡镇在抽样调查中均有漏评和错退现象，故这两项导致这些乡镇"识别准确性"得分整体很低、进而总得分普遍不高。具体情况如下：

（1）综合得分排名第一的是罗营街道办、为 90 分，且远高于排名第二位的金龙镇（48.15 分）。罗营街道办得分如此高的原因在于抽样调查中未发现有漏评和错退现象，故这两项得到了满分 60 分，这与其属于经济社会发展条件整体较好的县城区域，且农户收入来源渠道多样化（收入已不再依靠传统农业，而主要来自第三产业）、收入水平整体较高有关。

（2）综合得分排名最后的是金江镇、为 18.10 分。其原因主要是该镇漏评率和错退率较高，村内民主与矛盾纠纷激化严重，且农户收入来源仍以传统农业为主及增收渠道有限等多种因素导致。

（3）其他乡镇综合得分排名情况是：金龙镇，第二位（48.15 分）、中欣镇，第三位（39.14 分）、皮树镇，第四位（36.69 分）、兰溪镇，第五位（35.85 分）、松山镇，第六位（35.10 分）、大龙镇，第七位（29.90 分）、黄泥镇，第八位（25.60 分）、东山乡，第九位（21.40 分）。

表 13 各乡镇综合得分及排名情况

| 乡镇名称 | 得分情况 | 排名情况 |
| --- | --- | --- |
| 罗营街道办 | 90.00 | 1 |
| 金龙镇 | 48.15 | 2 |
| 中欣镇 | 39.14 | 3 |
| 皮树镇 | 36.69 | 4 |
| 兰溪镇 | 35.85 | 5 |
| 松山镇 | 35.10 | 6 |
| 大龙镇 | 29.90 | 7 |
| 黄泥镇 | 25.60 | 8 |
| 东山乡 | 21.40 | 9 |
| 金江镇 | 18.10 | 10 |

数据来源：根据上述评分标准计算得出。

**3. 各乡镇相关指标得分率分析**

为了便于各乡镇对其精准扶贫工作了解更深入，即对自己的"长处"与"不足"认识更清晰，进而有助于其精准施策和提升扶贫效率，评估组还对各乡镇在相关指标领域的得分率情况进行了分析。

得分率 = 各领域得分情况 / 各领域满分 × 100%

从全县来看，得分率最高的是"村容村貌状况"（为73%），其次是"内业文档资料"（为68%），得分率排最后两位的分别是"漏评率"（为19%）和"错退率"（为29%）。这一方面说明 Y 县作为"四在农家"发源地，其村容村貌建设所取得的成绩是值得肯定的，但另一方面也应看到精准扶贫中精准识别和精准退出两个层面的工作亟待加强。另外，"产业发展状况"得分率也相对较低，这说明通过产业发展助促贫困群众脱贫致富的压力仍然很大。同时，"群众满意度"得分率也不是很理想（仅为58%），这说明还需进一步提升扶贫工作透明度和公正性，还需进一步加强政策宣传、改进群众工作方式方法等。各乡镇相关指标领域的得分率情况详见表14。

表14　Y县各乡镇评估领域得分率情况

单位：%

| 乡镇名称 | 漏评率 | 错退率 | 基础设施建设状况 | 村容村貌状况 | 村内民主与矛盾纠纷状况 | 乡镇领导扶贫意识及思路 | 产业发展状况 | 内业文档资料 | 群众满意度 | 总体印象评价 |
|---|---|---|---|---|---|---|---|---|---|---|
| 金江镇 | 11 | 7 | 43 | 50 | 0 | 25 | 0 | 60 | 25 | 0 |
| 黄泥镇 | 8 | 4 | 0 | 75 | 67 | 50 | 67 | 100 | 25 | 67 |
| 松山镇 | 5 | 8 | 93 | 75 | 100 | 38 | 67 | 80 | 75 | 100 |
| 兰溪镇 | 7 | 28 | 50 | 50 | 67 | 25 | 33 | 80 | 75 | 67 |
| 金龙镇 | 11 | 100 | 67 | 75 | 67 | 13 | 17 | 60 | 25 | 0 |
| 大龙镇 | 10 | 13 | 87 | 75 | 33 | 88 | 67 | 40 | 50 | 67 |
| 东山乡 | 14 | 9 | 67 | 50 | 0 | 88 | 17 | 40 | 25 | 33 |
| 中欣镇 | 15 | 13 | 70 | 75 | 67 | 100 | 67 | 55 | 100 | 67 |
| 皮树镇 | 6 | 7 | 77 | 100 | 67 | 75 | 67 | 80 | 100 | 67 |
| 罗营街道 | 100 | 100 | 100 | 100 | 67 | 50 | 67 | 85 | 75 | 67 |
| 全县平均值 | 19 | 29 | 65 | 73 | 53 | 55 | 47 | 68 | 58 | 53 |

数据来源：评估组根据相关标准自行计算得出。

## 三、评估中发现的问题

### （一）评估中发现的共性问题

**1. 不精准现象较为严重**

全县本次共评估农户家庭 721 户，实际有效户数为 629 户，其中发现"问题户"或"不精准户"高达 93 户（即错评 1 户、漏评 28 户、错退 47 户、漏退 17 户），另提请特殊关注的还有 39 户。可见，全县精准扶贫工作中不精准的现象还非常严重，尤其是其漏评率、错退率分别高达 10.69%、20.61%，亟须引起相关部门的高度重视。

## 2. 精准帮扶问题多

在精准扶贫工作中，精准帮扶可以说是决定其工作成败的一个关键性因素。评估发现，Y县的帮扶工作还存在如下几大突出问题。

（1）帮扶工作的有"说"无"做"。即在查看相关佐证材料时，发现有帮扶"记录"但实质上其帮扶措施不到位或缺失。

（2）帮扶工作的有"做"无"说"。即事实上对贫困户给予了一定帮扶（如帮其处理一些事件），但其连心袋等登记材料中却没有相应记录或说明，同样让人心生"怀疑"。

（3）帮扶工作的华而不实。一是"虚"，即有些帮扶要么只是停留在"口头说教"上（如该这样做而不该那样做），要么就是将帮扶花名册直接等同为帮扶台账来应付评估。二是"简"，即帮扶措施单一，除了送油、米还是油、米。三是"缓"，即帮扶措施兑现迟缓，有些贫困户退出系统时其措施都还未到位或未兑现。四是"软"，即帮扶力度小，只是停留在"小恩小惠"层面。五是"错"，即帮非所需，贫困户被动接受非自己所需的帮扶可能适得其反。六是"缺"，有些乡镇未见有明显的产业帮扶项目，也许只是一个美好的"饼"而已。

（4）个性帮扶与普惠举措未能"并肩齐进"。有些乡镇高度重视个性化帮扶，而对面上的普惠性举措办法不多、成效不显；有些乡镇如通组路、人畜饮水工程建设等普惠性措施的推进有序有方有效，但对贫困户的个性化帮扶则相对不力。

（5）帮扶责任人到访率低、责任心不强。部分帮扶责任人工作浮于表面，虽有联系或走访贫困户，但走访目的已逐渐异变为与帮扶对象"攀关系"或"混脸熟"，未真正帮助贫困户分析主要致贫原因、理清脱贫发展思路、用心用力解决其实际困难或落实好相关政策措施等。甚至还有部分帮扶责任人平时到访次数少，因评估组到来才"临时抱佛脚"而入户走访，并电话"交代"、现场"引导"等。

（6）驻村工作队驻村而未驻"心"。部分驻村工作队缺乏探索创新精神，疲于应付各类检查和考评，而未有与群众真正打成一片，其驻村的实际效果非常有限。评估组调查时，就有村民反映驻村工作队很少来村里走访和了解情况（也许是真驻村和走访了，但村民不了解），并表示对驻村工作队成员和其工作情况不太了解，对驻村第一书记也不知晓。显然，这种状况必然影响群众的满意度评价。

3. 产业扶贫整体效应发挥有限

本次被评估的所有行政村几乎都在想方设法发展相关产业，以期带动农民脱贫致富。但总体来看，产业扶贫措施有限，力度不甚大，所谓的产业扶贫基本上还是停留在搞传统种植和养殖。一般来说，养殖业见效快，但投资大、风险也较大，持续增收有一定难度；而种植业周期长、见效慢，且风险也较大，难以产生稳定的、显著的产业效应。少数发展较好的产业项目，由于利益链接机制不健全，其覆盖面又较窄，带动贫困户脱贫也有限。且有些项目（如生猪养殖）在全县范围内还有"村村搞""镇镇上"的扎堆现象，这样极易形成过度竞争局面。

4. "人"（干部）的知、行不太到位

（1）部分乡镇领导精准扶贫缺乏系统性思维。精准扶贫本身是一项系统性工程，而绝不是某一方面的修修补补或临时性突击而可"取胜"的事物，这就需要我们树立或形成系统性思维或模式。而在评估中，我们发现乡镇政府的这种系统性思维、创新性思维普遍缺乏，所做工作很大程度上依赖于上级给"指示"，上面催做什么就做什么，上面不催不喊时就"缓一缓、拖一拖"，不愿创新、不敢创新，以及被动应付的心理普遍存在，这种找不到工作"抓手"或"支点"的茫然现象也许是为什么基层干部"很苦很累、效率低下、事倍功半"的一个深层原因。

（2）部分干部"六种心理"问题突出。一是存"侥幸心理"。有些领导或干部总是希望自己所挂帮的村或户不要被抽到，侥幸心理明显。二是存"突击心理"。如存在突击"走访"、突击为贫困户挂门前"信息牌"等问题。三是存"推卸心理"。在评估过程中有些干部发现工作有纰漏或失误时总是将责任推给下属或他人，不愿承担主体责任。四是存"等待心理"。一些干部抓扶贫工作时一定程度地存在"等一等、看一看"问题，即"等指示""看别人做了再说"等思想突出,主动性和创造性明显不够。五是存"松懈旁观"心理。和其他县市尤其是一些摘帽压力较大的贫困县相比较,Y县部分乡镇干部总觉得自己身处非贫困县而对待精准扶贫工作较松较懈,即神经不是那么紧张,责任意识、担当意识和主人翁意识不是那么强烈,甚至还有干部表现出了扶贫工作成效考核与己无关的旁观心态。六是存"一心二用"思想。有些乡镇书记、镇长在抓扶贫工作时缺乏章法,不能处理好扶贫工作与其他工作的关系,未能以扶贫工作为抓手来统揽其他相关工作如移民搬迁工作、城镇化建设等。

(3)部分干部对相关政策掌握不深、不透。一些干部对精准识别、精准帮扶、精准退出的政策精神、识别/退出标准、识别/退出程序,以及相关的易地扶贫搬迁或教育补助等政策一知半解、理解不透、把握不准。

(4)部分乡镇干部对自己的"家底"不明。在访谈过程中,部分基层领导对所辖区域的基本信息(如贫困人口数、脱贫人口数、每年脱贫情况等)掌握得不是很清楚和全面,回答提问时要么吞吞吐吐或"好像是这回事",要么需要不断借助电话、现场查阅资料或"下属帮忙"才能答出,甚至还有些干部直接用"记不清"来搪塞。

(5)部分乡镇干部迎评意识差。主要是这些干部对相关的评估工作协调组织不积极、不主动、不到位,消极怠评,甚至还有不予配合或当面阻挠评估工作的现象,如"下班了,明天再说""现在停电了,没办法提供名单"等。

5.扶贫政策宣传"短板"

调查中发现,大多数群众都知道党和国家在大力开展扶贫工作,但还是有部分贫困群众对精准扶贫相关工作开展情况知晓不足,这说明其宣传工作存在较大缺陷。扶贫政策宣传方面存在问题主要体现"点"是:

(1)是贫困户对自家田地面积、政策补贴资金到位与否等"家底"信息不清不楚,宣传解释不够。

(2)是贫困户对自家识别为贫困户时间,以及对精准识别或退出程序("两公示一公告")、精准识别或退出结果、自家得到的帮扶项目信息等知之有限,这也会直接导致这部分群众对全县扶贫工作满意度的差评或低评。

(3)是部分村民对现有扶贫政策(如特惠贷政策)及惠农政策知之不深或

一知半解，也不知道驻村第一书记与村支书有何区别，多有抱怨和不满情绪。

（4）是易地搬迁知情不够。有贫困户只知道自己是搬迁户，但"搬哪""何时搬""如何生计"等知之甚少，也没有人专门解释或通知。

### 6. 个别村干群关系较紧张

由于受前期（主要是2014年建档立卡时期）政策执行"后遗症"影响，好些地方群众都有向评估组反映（有些甚至是拦路反映）本村扶贫工作存在不公平、不公正、不精准甚至优亲厚友现象。再加上部分基层干部对精准扶贫政策掌握不透彻、责任担当意识不强，对村民反映的问题或敷衍塞责、推诿拖拉，或解释不到位、缺乏耐心，甚或搞"一言堂"，从而使得相关矛盾纠纷不断积累、激化，干部关系也渐变紧张，这些情况无疑都是有关满意度考评的隐患点。

### 7. 基础设施不甚完善

评估发现，部分受评村的基础设施建设仍然比较薄弱，主要体现在水、路、讯等方面。

（1）是部分村仍存在饮水困难和饮水不安全的问题，尤其是居住在高山、深山的农户，安全饮水工程还未完全落实到位，还有些村组即使已接通自来水但实际利用效果差，所谓的自来水又常停、长停或常混。

（2）是各乡镇交通路网建设不足，部分通村路建设还需加快修复完善，尤其通组路或入户路是"短板中的短板"，既影响农户出行，又限制产业发展，阻碍贫困户脱贫致富及其可持续发展。

（3）是部分村寨或村组通信网络还需进一步完善，存在无信号的"盲区"。

（4）是部分乡镇易地搬迁项目建设滞后。有些"易地扶贫项目"原计划2017年完成的，但到评估组评估时仍有些项目还未开工，更不用说"完工"了，一定程度上这必然会影响贫困户的"可退"状况。

### 8. 部分农户人居环境亟待改善

贫困户中有部分家庭住房不安全，处于"危房"与"非危房"的边缘带，对这类情况还需相关部门拉网式重新鉴定或认定，确有问题的还需下大力改造。同时，部分村或户的卫生环境状况也较堪忧，主要体现在入户路路面坑洼、房屋及巷道周边乱堆乱放、粪堆或垃圾随处可见等方面。

**9. 相关资料或信息管理仍有欠缺**

Y县虽然对有关内页档案材料的管理作了统一部署，也提出了具体要求，但评估发现各个乡镇的"一户一档"材料或其相关信息管理材料都或多或少存在一些问题，可以说是"模板或要求好但实际执行差"。具体表现为：

（1）规范性问题。有些档案材料没有盖章、缺乏原件等；部分材料中有关信息（如帮扶计划、帮扶措施信息）记录缺少或记录不全；存在关键数据用铅笔填写或随意涂改现象，不严谨、不规范；有关材料装订也不太规范，要么缺页少项（如缺贫困识别/脱贫公示材料、缺脱贫确认书），要么不作分类而无序装订等。

（2）逻辑性问题。存在时间逻辑错误问题（如相关会议或公示时间前后衔接不妥）、程序逻辑错误问题（相关资料在装订时存在精准识别、帮扶、退出的程序有"颠倒"现象）、数字逻辑错误问题（如收入分项之和与总收入不相等）、信息逻辑错误问题（如贫困户实际的致贫原因和帮扶计划表、脱贫确认表上所记载的致贫原因不相同）等。

（3）"身份"信息材料管理不到位。一是部分村没有按照户有档、村有册的要求来归类建档。二是有些地方将一户一档材料放乡镇扶贫办管理，反而村委会无一户一档材料，不利于相关信息的核实和更新；还有些村将一户一档材料一部分放村委会管理，而另一部分又放乡镇扶贫办管理。三是一户一档材料无专人管理。四是无专门的档案室管理。五是管理设备陈旧、不先进。六是管理制度缺乏，一户一档材料"查阅"手续不严格。七是部分贫困户的房屋门口未贴有贫困户信息牌；有些贫困户家庭还没有发放贫困信息卡或连心袋材料等。

（4）各乡镇档案资料管理水平参差不齐。即有些乡镇相对较好，而有些乡镇可以说是差或很差。

（5）系统数据信息和实际信息不一致问题。如存在系统登记户主与户口簿户主不一致、系统登记家庭人口数与家庭实际人口数不一致、系统登记健康信息与家庭成员实际健康信息不一致等情况。

（6）相关信息更新滞后问题。有的贫困户基本信息（如婚丧嫁娶信息）变动了很长时间但相关纸质材料未作备案或未作更新处理；还有的贫困户明明享受了"特惠贷""易地移民搬迁""助学补助"等政策，但其档案材料并未得到记录或体现。

（7）贫困人口户籍管理有些乱。评估发现，有些贫困户家庭有多个户口本，且这些户口本上的人口信息还互不相同，"户主"常常换来换去。

（二）评估中发现的个性问题

1. 松山镇受评村精准扶贫面上存在问题

（1）仍存在脱贫户三改一化没有改建好或未改建就脱贫的现象。

（2）存在脱贫户易地扶贫搬迁未完成就脱贫的现象。

（3）存有"村有册"所登记基本信息与村民户口本上人口信息不一致情况。

（4）农户对驻村工作队普遍不了解。

（5）产业扶贫方式单一，缺乏带动效应大的产业。

（6）一些脱贫户脱得很勉强，脱贫稳定性差。

（7）一户一档资料还是存有一些逻辑错误及涂改痕迹，很不严肃。

2. 兰溪镇受评村精准扶贫面上存在问题

（1）整村严重缺水，全村吃水存在较大问题。

（2）全村房屋整体属木房子，大部分房屋漏雨，住房条件不好，亟须改善。

（3）已有一些农户脱贫，但房屋三改一化没完成，易地搬迁未搬。

（4）该村村民居住分散，村内通信讯号差。

（5）部分农户户籍人口信息与实际情况不符，且这种情况未得到及时处理。

（6）有些帮扶责任人电话关机无法接通。

（7）部分农户认为帮扶力度不大，对帮扶措施的满意度评价不是很高。

（8）有些脱贫户不知道自己"脱贫"状态，政策宣讲不到位，且帮扶措施单一。

（9）村民反映精准扶贫评选过程和结果不透明、不公开，有严重漏评、漏退、错退等现象，30多岁年轻人当贫困户现象突出。

（10）该村贫困人口数比较多，如不"重点对待"脱贫难道甚大。

（11）乡镇、村干部扶贫不力，压力感不强。

（12）门牌卡填写信息不全，如很多驻村第一书记名字"空缺"。

（13）一户一档资料存有逻辑错误，目录和内容装订顺序不一致。

（14）村里提供给评估组的贫困户名单中，所有未脱贫户拟脱贫年度都统一标注的是"2017—2020年"，这说明镇村干部对自己"家底"掌握不准，从而一定程度上会影响到评估组对"漏退"问题的评估。这个问题亟须引起重视。

**3. 金龙镇受评村精准扶贫面上存在问题**

（1）迎评意识不强。12月4日下午调查人员进村开始调查时，村委会人员不太配合，以没车、快下班为由予以阻挠，在调查人员坚持要求下才安排向导协助。

（2）基层干部服务群众意识不强，工作作风散漫。还有村民反映村干部更换频繁，贫困户评选不公平、不合理、不公开。

（3）脱贫程序不规范，没有跟农户算账脱贫，且部分贫困户不清楚自己脱贫。

（4）个别帮扶责任人帮扶工作不深入，帮扶效果差，农户对具体帮扶措施也不太清楚。

（5）村民对村干部的工作，以及驻村帮扶干部的工作满意度评价总体不高。

（6）村民居住较分散，部分村民组如学堂坳组、中坝组等常有季节性停水，吃水不方便。

（7）多数居住在山上的农户进寨入户道路不便。

（8）该村"三改一化"按照贫困户先垫付—验收—再拨款的工作流程，多数贫困户有顾虑，积极性不高，且也存在无钱"垫付"的现象。

（9）该村留守老人较多，呈现出老龄化趋势，大多数青壮年都外出务工。

（10）该村产业扶贫缺乏，有限的产业发展项目不能有效解决劳动力就近就业。

（11）一户一档资料中所填帮扶措施与实际贫困原因不吻合，存在逻辑错误。

**4. 皮树镇受评村精准扶贫面上存在问题**

——葛旁村

（1）季节性缺水问题明显（主要出现在地势较高的高山和双山村民组）。

（2）仍存有"村有册"所登记基本信息与村民户口本人口信息不一致情况。

（3）不少村民对精准扶贫政策仍不了解，也不清楚评定的程序；此外，不少贫困户和脱贫户还反映不清楚自己的建档立卡和脱贫的时间。以上均反映出相关政策宣传不到位。

（4）村里设有医务室，但医生在岗情况无保障，且药物不全（镇领导反馈称"村医需身兼几职"）。

（5）搬迁户搬到本镇安置点卧龙庄后，其基本就业问题仍未获解决，收入来源没有明显变化。

（6）部分贫困户（脱贫户）获得异地扶贫搬迁指标，但是不愿意搬，因为其担心后续的生活、就业等得不到保障。

（7）河中村民组串户路建设相较其他村组迟缓，不少农户家门口仍泥泞不堪。

——高坡村

（1）存在不少缺乏劳动能力、劳动意愿的低保人口被纳入精准扶贫系统，成为低保贫困户现象。

（2）存在贫困户不清楚自己的建档立卡时间，脱贫户及拟脱贫户不清楚自己的退出时间的情况。

（3）"村有档"管理资料缺失、混乱较为明显，在帮扶内容填写、脱贫时间设定、帮扶人访问等方面存在随意甚至不实现象。

（4）存在农户截访调查员反映情况现象，反映内容包括"评选贫困户不公开透明""同等条件享受政策有差异"等情况。

（5）从目录看，不少脱贫户、贫困户手中"连心袋"内容缺失严重。

（6）存在一定数量移民搬迁户仍未落实情况。

**5. 中欣镇受评村精准扶贫面上存在问题**

——沙堆村

（1）部分干部对评估工作重视程度不够。

（2）村干部对本村精准扶贫底数不清，只知道本村贫困户（人口）总数，但对各年脱贫数及各小组建档立卡贫困户不清。

（3）存在项目安排（分配）不平衡问题，扶贫项目多放在村干部所在小组（如沙滩村项目多安排在公路沿线小组，而大屋基、赵家寨、青滩等则较少）。

（4）贫困户识别存在厚亲友现象，部分村民意见大（如沙堆村大屋基）。

（5）帮扶措施较单一，多被动式帮扶（如特惠贷、医保、教育补助），对贫困户的产业帮扶力度小。

（6）一个村内存在一些小组贫困户生活条件明显比其他小组非贫困户还好的现象。

（7）一户一档材料未能安排专人管理，也没有统一放置保存（如沙堆村由包组干部负责自己贫困户档案管理）。

（8）部分贫困户一户一档信息没有填报完整，缺一些关键信息，如帮扶措施、退出年份收入等。

（9）帮扶责任人任务太重，帮扶力度有限，无法发挥帮扶责任人的作用。

（10）部分村民组存在季节性缺水问题，如田坝组。

（11）村民对驻村工作队和驻村第一书记认知度不高。

（12）部分村民对扶贫工作满意度不高。

——高炉村

（1）部分村民组存在季节性缺少问题，如下林组等。

（2）村干部对本村精准扶贫底数不清，仅知本村贫困户（人口）总数，但对各年脱贫数及各小组建档立卡贫困户不清。

（3）一户一档材料没有安排专人管理，也没有统一放置保存（部分放置办公大厅，一部分放置于驻村第一书记办公室）。

（4）帮扶责任人任务太重，一个村干部帮扶贫困户超过20多户，帮扶力度有限，无法发挥帮扶责任人的作用。

（5）帮扶措施较单一，多被动式帮扶（如特惠贷、医保、教育补助），对贫困户的产业帮扶力度小。

（6）一些贫困户一户一档信息没有填报完整，缺一些关键信息，如帮扶措施、退出年份收入等。

（7）村民对驻村工作队和驻村第一书记认知度不高。

（8）部分村民对扶贫工作满意度不高。

**6. 大龙镇受评村精准扶贫面上存在问题**

（1）在2014年第一批建档立卡贫困户识别工作中，由于基层干部宣传及识别工作不实不力，部分真正贫困的农户未纳入系统，而相对条件较好、发展能力强的农户识别为贫困户，多数群众对此争议颇大。

（2）该村主要存在相对贫困，绝对贫困的少，在相对贫困中主要是因病因学的致贫原因多，疑似漏评户主要是由于因病因学双重原因所致，这在贫困户精准识别工作中更需要掌握好客观、公平公正原则，统筹考虑。

（3）该村人口老龄化趋势严重，子女教育支出占比大，独生子女和二孩家庭居多，家中多是老人和农村留守儿童，青壮年大多外出务工或就学。

（4）国家扶贫政策、惠民政策宣传不到位，在信息公开和接受老百姓监督方面还需要更多改进，部分农户不了解国家精准扶贫的政策，如"精准识别精准退出程序""三改一化""医疗救助""扶贫产业项目选择"等。

（5）对外出务工贫困人员，政策宣传和申请帮助上，重视不够。

（6）该村在发展特色产业发展暨种植烤烟的工作中，存在后续保底跟进措施不够的情况，比如今年因为气候原因，全村的烤烟种植都遭受了不同程度的受灾，后续的保险赔偿和补贴工作进展缓慢。

（7）农田灌溉水不足，该村在满足全村人畜饮水之后，无力保障灌溉用水，农业生产灌溉用水困难。

（8）帮扶工作还需进一步落实，部分贫困户认为帮扶责任人"华而不实"，只注重见面联系频率，帮扶效果不佳，并且部分农户对驻村工作组不知晓。

（9）易地扶贫搬迁户存在就业行业单一，岗位少、生活配套设施不全的现象，搬迁户中存在家人外出务工无法养活一家，还得种庄稼来卖以维持生活，同时还存在房源不足和入住率低的矛盾。

（10）仍存在线上线下不一致问题，如贫困信息系统登记基本信息与村民户口本人口信息不一致，系统未及时清退或更新等情况。

（11）部分建档立卡贫困户房门前未贴贫困户信息牌或没有连心袋。

（12）村级关于精准扶贫的档案材料甚少且杂乱无序，很难看出精准扶贫工作开展痕迹，贫困户的一户一档资料存放在镇扶贫办，不利于掌握和更新贫困户信息。

（13）基层干部对贫困基本情况需要进一步熟知。

7. 东山乡受评村精准扶贫面上存在问题

（1）自然生态环境恶劣，呈石漠化趋势，土地资源稀缺、贫瘠，人均耕地少。

（2）缺水严重，部分边远地段的家庭生产生活用水困难，需要建水池蓄水或抽水，全村大部分农作物缺水，灌溉困难。

（3）交通出行不便，公共交通工具较少，边远地段的村民需走几千米的路才能乘车。

（4）人居环境较差，不管是公共场所还是农户家中其卫生状况都较差。

（5）通信网络较差，有些村民组网络信号极弱甚至缺乏。

（6）不少农户存在等靠要思想，思想封闭、固化，自我中心为主。

（7）部分农户对易地扶贫搬迁意见大，尤其对于四有人员还能搬迁的农户争议较大。

（8）对于外出务工贫困人员，政策宣传和申请帮助上，重视、关心不够。

（9）产业扶贫项目少、单一，目前主要是白茶收益明显，但覆盖范围窄，受益贫困户较少。

（10）基层干部对国家扶贫政策宣传不到位，大部分农户不了解国家精准扶贫的政策，如不知贫困户精准识别精准退出的标准和程序。

（11）帮扶效果弱，部分农户认为帮扶责任人没有工作到位，认为自己得到帮扶少或没有什么效果。

（12）仍存在线上线下不一致的问题，如贫困信息系统登记基本信息与村民户口本人口信息不一致。

（13）全村易地扶贫搬迁户复垦工作难度大，40户搬迁户，只复垦了5户。

（14）扶贫与低保两项制度衔接处理不当，由此带来一些负面影响。

（15）村级精准扶贫档案资料较少，无法看出精准识别、精准帮扶、精准退出整个工作痕迹。

（16）基层干群关系比较紧张，村民与基层干部之间缺乏有效沟通。

（17）基层干部对贫困基本情况不熟悉、对扶贫开发工作意识还需加强，对精准扶贫政策掌握得不够透彻，思路不够清晰。

**8. 金江镇受评村精准扶贫面上存在问题**

（1）贫困人口信息掌握不准确。如对贫困户家庭状况、致贫原因等信息掌握不准确，部分帮扶责任牌上的信息与实际情况，以及村委会提供的名单信息不吻合。

（2）贫困人口档案管理混乱。一方面贫困人口档案未装盒归档，杂乱堆放；另一方面，档案信息不完整，且有失真的情况，如未严格按照贫困人口的精准识别、精准帮扶、精准退出整理资料分类归档，发现有贫困户民主评议参会代表的签字字迹由一人所签。

（3）脱贫程序不到位。大部分贫困户并不知道自己已经脱贫，也有部分贫困户表示自己只是被告知脱贫了，并不知道脱贫是什么意思。在调查中了解到，贫困户脱贫并没有相关工作人员与之进行算账、说明。最终导致该村"被脱贫"现象较为严重，很多尚未达到脱贫条件的贫困户都已脱贫。

（4）该村扶贫工作的群众认可度较低。主要表现为：在贫困人口识别环节，大多数农户反映贫困户的评定没有公开、公正，进而导致一定民怨情绪。在精准帮扶环节，一是该村扶贫措施很少，主要措施是修路以及农户养殖补贴，无产业支撑，农民增收渠道极为有限；二是大部分贫困户对帮扶责任人较熟悉，但对驻村工作队不了解；三是贫困户对帮扶措施的满意度较低，部分农户表示自己是贫困户但并未享受相关政策。

（5）该村的社会矛盾极其突出。在调研过程中出现农民拦车反映问题，事后给调研人员打电话反映问题，以及在调研过程中村民因是否该评为贫困户而发生争吵等现象。这些都反映相关扶贫政策宣传不到位，群众工作亟待加强。

（6）该村部分村组存在季节性饮水困难，如大坪组、佑林组因水源不足经常断水，部分群众存在吃水困难。

（7）该村主要负责人扶贫工作思路不够清晰，找不到抓手。

（8）迎评工作准备不充分，包括农户信息名单的提供及后勤保障工作敷衍了事。

**9. 黄泥镇受评村精准扶贫面上存在问题**

（1）对扶贫信息系统内部不符合贫困户识别条件的农户的清退工作不到位。在调研过程中了解到该村2014年贫困人口识别时是以发展产业的名义分配贫困户名额，虽大部分现已脱贫，但脱贫不脱政策的规定使得当年这些在村里条件较好的以发展产业纳入的贫困户依然享受扶贫政策，导致真正困难的群众心理失衡和不满。

（2）贫困户的脱贫程序不规范，没有当面与农户算账脱贫，很多农户并不知道自己已经脱贫。在调研过程中部分农户询问脱贫是什么意思，表明该村相关政策宣传不到位。

（3）对在外务工人员的摸底调查工作及相关扶贫工作做得不够，调查过程中发现有在外务工人员家庭确实很困难也无安全住房的农户未被考虑纳入贫困户，村里相关人员声称文件规定不考虑长期在外务工人员，这显然是误解了其文件原意即"长期在外务工且失联的"。

（4）农户对帮扶措施满意度较差，贫困户对驻村工作队普遍不了解。

（5）贫困人口信息管理有待加强。一方面部分贫困户档案资料不够规范，较零散；另一方面，帮扶责任牌的信息与村委提供的贫困户信息不符。

（6）季节性缺水问题严重，以高寨组最为突出，高寨组贫困户占该组的比例较高，大部分已经脱贫，但该组普遍存在饮水很困难，以及房屋破旧的问题，住房和饮水尚未保障就将贫困户脱贫的问题较严重。

（7）与离村委会较远的组相比，村委会附近的组对贫困户评选工作意见较为强烈。

（8）迎评工作态度极差，所需资料的准备工作非常不到位。村委部分工作人员迎评工作态度极差，评估组在向村委主要负责人了解相关信息时，该村村支书反问评估人员是在考他问题而拒绝回答评估人员的提问，态度较为恶劣。评估组所需农户清单也未提前准备好，两天都是等评估组到了才开始准备，且是在已经提前告知的情况下。

10. 罗营街道办受评点精准扶贫面上存在问题

（1）对流动人口的摸底调查工作有待加强。该社区经济基础好，该区域农户的土地基本已被征完，只有少部分农户有极少的土地，且都是租出去的，农户的收入主要来源于房屋出租、在县城务工或做小生意，户籍居民收入较稳定且较高，而相对困难群众均已纳入低保户进行兜底。调研过程中并未发现有农户漏评和错退现象，却发现有不少流动人口生活困难，虽然这部分流动人口户籍不在该社区，但有些已经在此居住十几年甚至几十年，也为当地经济社会发展做了不少贡献，对这部分人口的管理需进一步加强。

（2）对社会治安管理需重点关注。在调研过程中还了解到该区域因吸毒进戒毒所或监狱的情况较多，需加强社会治安管理。

（3）贫困人口档案管理较为粗糙，未严格按照精准识别、精准帮扶、精准退出的逻辑顺序进行资料的整理归档。

## 四、整改建议

### （一）牢固树立"五大扶贫理念"

在当前精准扶贫工作进入全面决战决胜的关键时刻，Y县广大干部职工必须牢牢树立"五大理念"。

1. 要树立以"人"为本理念

这里的"人"就是指"贫困户"，即要时时刻刻急贫困户之所急、想贫困户之所想，真心真意地帮助贫困户解难题、谋发展。

### 2. 要树立大扶贫理念

这里的"大扶贫理念"有两层含义：一是在当前形势下乡镇党委、政府的中心工作就是要打好脱贫攻坚战，其他诸如移民搬迁、人居环境改善、城镇化建设等工作均是服务或服从于这个中心工作的，而千万不可本末倒置。所以，从这个角度来说，大扶贫的"大"是指大中心。二是当前的扶贫工作绝不是某一家单位尤其不是县扶贫办一家单位的事，它必须要投入全县全部的"精锐力量"，必须要多部门联动。所以，从这个角度来说，大扶贫的"大"是指大参与。

### 3. 要树立狠抓"两率一度"工作思路

评估发现，很多乡镇领导对第三方评估工作还非常陌生，不知道到底评估什么内容，所以在实际工作中就必然茫然失措或靶向失准，这样一来的结果就必然导致人力、物力和财力的大量浪费。因此，必须要树立狠抓"两率一度"的工作总思路。

### 4. 要树立大宣传理念

精准扶贫工作绝不能是"只做不说"，一定要强化宣传工作，且宣传要永远在路上，要无时无刻不在宣传着，即"做了什么""如何做的""打算做什么"等类问题要时时刻刻都向农民尤其是贫困户说清讲透，决不能"含含糊糊"。

### 5. 要树立"自我摘帽"理念

评估发现，作为非贫困县的Y在精准扶贫工作中还是有很多盲点和痛点，某种程度上说，其贫困面、贫困发生率并不比某些贫困县的情况理想。因此，本着对党、对人民负责的态度，Y县还必须要自我加压，认认真真把精准扶贫工作做实做好，力争自我"摘帽"早日实现。

## （二）尽快落实、补齐相关基础工作

一是各乡镇要采取措施尽快让农民知道自家的田地面积、年收入、建档立卡时间、拟脱贫退出时间、驻村工作队及第一书记姓名等基础性信息。

二是各乡镇要采取措施尽快让贫困农户知晓相关扶贫政策或程序、标准等，以切实提高贫困户有关的知晓率和满意度。

三是各乡镇要尽快将诸如贫困登记卡、特惠贷合同书及"连心袋(卡)"、宣传册等发放到位,不能搞临时突击或应检式发放。

四是贫困户相关信息须精准化补录或更新,如个人或家庭信息要准确、及时更新,以及线上、线下要同步更新,要严加管理户口发放或注销工作等。

五是要抓紧制定好符合本村镇实际的扶贫战略规划,而不可扶贫毫无章法。

#### (三)"纠错"须常态化,"检错"须便捷化

**1. 自上而下地"纠错"要常态化**

Y县全县要采取强力措施,认真地、常态化地开展好精准识别、精准退出"回头看"纠错工作,要严格实行层层负责制,乡镇党委要严把审批关,若发现错评、漏评、错退等现象时要及时调整、并要严肃追责,每一个乡镇都要把建档立卡"精准率100%"视为自己工作的第一目标。

**2. 自下而上地"检错"要便捷化**

可尝试在县级层面通过开设新的举报电话、举报信箱或其他举报平台来收集相关的错评、漏评、错退、漏退等信息。这种便捷的"检错"方式至少有三大作用:一是可以迅速发现"痛点""盲点"或是"风险点",进而有助于精准纠错和提升扶贫效率。二是对责任心不强或有违法乱纪倾向的干部起到警醒、高压、震慑作用。三是对"非精准户"也可起到一定的情绪宣泄、情绪疏导甚或情绪安抚作用,从而间接提升满意度评价值。

#### (四)痛下决心做好"四抓"工作

**1. 要狠抓工作"透明度"**

毋庸置疑,工作透明度越高,就越能提升群众满意度。抓"透明度"就是要掌握好三条原则:一是把不规范的事项搞规范了就是透明;二是把不按程序做的工作程序化了就是透明;三是要力戒信息的"例行式公示",即要创新公示方式,让相关公示信息真正入脑入心、入户入组,要让过程或结果大白于天下。

**2. 要狠抓帮扶工作**

帮扶工作好坏直接影响到群众满意度评价。为此:

一是各乡镇要加大帮扶力度,"真扶贫"给实惠,即要坚决杜绝帮扶工作搞形式、走过场,要静静地帮助贫困户分析致贫原因、理清脱贫发展思路。也就是说,所谓的帮扶千万不可停留在口头上的"给意见",要能真正"看得见""有实效",要用好产业帮扶、就业帮扶、教育帮扶、医疗帮扶等组合拳。

二是帮扶措施要因户施策,要"精准化"和个性化,而不能"帮非所需"或"千篇一律"。

三是各乡镇帮扶措施要及时到位,不能"千年等一回",要尽量多次数地带着"目的"和"方案"入户帮扶。

四是帮扶工作要注重时效性与实效性紧密结合,要根据贫困户实际情况及时调整帮扶措施和力度,要尽可能做到如影随形式的"影子"帮扶。

五是要从县级层面加大对驻村工作队和"第一书记"、帮扶责任人及帮扶措施精准性等的考评力度。

3. 要狠抓宣传工作

其一是要弄清宣传什么的问题。一是要宣传精准扶贫的相关政策问题(如精准识别/退出的标准和程序政策、"特惠贷"政策、医疗或养老保险政策、移民搬迁政策);二是宣传贫困户自家的基本信息(如其田地面积大小、哪一年脱贫、帮扶责任人和第一书记姓名、相关补贴资金类型和数量等信息);三是宣传各级政府为老百姓做了什么;四是宣传政府"下一步打算做什么"问题。总之,千万不要总是宣传"领导很忙"。

其二是要回答好如何宣传的问题。一是可要求帮扶责任人持牌或穿统一定制的服装进村入户与贫困户面对面宣传,这样可以形成对贫困户的强化记忆。二是要充分利用电话、报纸、广播、电视或微信等新媒体手段进行定时定点、定栏目、定内容地宣传。三是可利用送春联、送年画或"点对点"编发特定短信的形式进行相关信息的宣传。四是可让发展较好的脱贫户到群众中去"现身说法",讲述自己如何从贫穷到脱贫、再到致富的"脱贫故事",这样可起到很好的鼓舞和示范效应。

其三是要掌握好宣传的时机。一是可利用开院坝会、群众会、党小组会等的机会加大宣传。二是要特别关注和利用好外出务工人员返乡的机会,对其做好扶贫政策的宣传和培训工作，切实提高精准扶贫工作的整体满意度。

其四是要建立宣传工作的保障机制。如可从"设立专门的宣传经费""完善办公设备设施""开设特色化的精准扶贫政策宣传栏"等方面做好相关保障工作。

**4. 要狠抓培训工作**

一是要专门针对第三方评估开展相关的迎评工作培训。二是要针对"两率一度"的薄弱环节开展相关业务技能培训。三是培训形式要多元化，即可有针对性地分类分层、按岗按需地组织好相关培训工作。四是培训内容要务实、管用。

**（五）千方百计培育乡村"经济增长点"**

一是要加快发展特色产业。要大力支持诸如茶叶、中草药、花卉、乡村旅游等见效快、可持续项目的产业化发展，要通过延长产业链不断提升产业综合效益。二是要将整村推进、易地扶贫搬迁、农业产业化经营和农村劳动力转移培训紧密结合，通过整合相关资源以培育出新的经济增长点。三是要积极探索建立贫困户与农业专业合作社的利益链接机制，切实解决好贫困户信息不对称、技术资金不足、抵御市场风险能力弱的问题，以实现贫困户稳定增收和可持续脱贫。

**（六）基础设施建设和人居环境改造须提速**

一是要着力加强贫困地区基础设施建设力度，以通组交通路网和进寨入户路为重点，加大资金投入，集中人力、物力、财力，畅通人流、物流、信息流，以期推动贫困地区行路难、饮水难、通信差、居住条件差等问题的解决。二是要通过设立专项资金积极开展庭院美化亮化工作，全县"三改一化"工作也要设立时间表，以期提升人居整体形象。三是要以村为单位，广泛发动群众，集中清理村庄周边及巷道内乱倒乱堆的垃圾，并要引导群众严格落实"门前三包"责任制，切实改善村容村貌、户容户貌。

**（七）文档资料亟须统一化、高标准化**

在建档立卡等文档资料方面，县扶贫办可以制定一个高要求高标准的、甚至可以代表省水准的范本，并请各乡镇遵照执行。不过，在出台正式标准前，要充分讨论征求意见,包括征求第三方评估组意见、各乡镇意见等,这样才能保证所制定标准既"接地气"又"高大上"。

### (八)加大"纵向"上的扶贫考核力度

加大对乡镇领导和乡镇政府在"扶贫工作"上的考核问责力度,不要过分偏向对经济指标的考核,考核时更多地以纵向比较为主,而横向比较只是参考。同时,建议有扶贫任务的乡镇的党委书记或镇长应不轻易调动,进一步强化责任意识、行政首长负责意识。

## 五、余论:Y县做好精准扶贫工作的其他建议

### (一)尝试开展第三方评估"回头看"工作

通过本次评估,评估组认为所谓的错评、漏评、错退、漏退等问题在其他未评村也可能存在。也就是说,全县的不精准现象或"问题户"情况很难通过一次性的抽样调查和评估真正揭示出。要揭示出真正的短板,以及各乡镇精准扶贫工作的"改进"成效,可考虑选择适当时机(如半年左右)再进行一次就本次第三方的评估反馈后的"回头看"工作,且把"回头看"范围适当扩大。

### (二)自评估的内容和形式可适当高标

所谓自评估不应只是通过抽样调查而得出错评率、漏评率、错退率、漏退率等指标,它应该是一项系统性的评估,包括对扶贫政策的掌握程度、扶贫政策执行到位程度、扶贫政策效果等的评估。这就要专门针对各乡镇扶贫工作设计出一套接地气的、综合性的评估指标体系,一方面以供评估人员对被评估乡镇"当场"打分使用,另一方面还可发挥相应的"指导"作用。正是基于这种认识,本次Y县的自评估不仅完成国家的规定动作,且还完成了一些自选动作,可以说这次评估达到了预期目的。如果Y县要尝试开展相关的"回头评"工作,建议就自评估的内容和形式可适当高标,这对于适当自加压力责任,增强风险防范意识有着积极作用。

### (三)相关标准需进一步明晰

有些标准要进一步界定清晰和科学。如危旧房标准、饮水安全标准、有关的经营性收入计算标准、"两不愁"的标准、长期外出的"时间"标准等都较

模糊。

**（四）迎评意识须提升，迎评态度须端正**

第三方评估组入场时，受评乡镇的对接、配合工作要高效到位，如各乡镇应提前准备好相关名单信息，还可以通知形式要求农户提前准备好相关证件，这样就可保证评估的准确性和高效化。同时，全县上下需形成一种"有则改之无则加勉"的积极心态来迎接上级评估考核工作。

# 参考文献

[1] 习近平.2018年中央农村工作会议上的讲话[R].2017-12-28.

[2] 贵州省农村千米十二五建设成就和十三五展望[EB/OL].(2016-01-25)[2016-01-26].http://www.gywb.cn/content/2016-01/25/content_4538631.htm.

[3] 肖云,严茉.我国农村贫困人口对扶贫政策满意度影响因素研究[J].贵州社会科学,2012(5).

[4]《中共贵州省委　贵州省人民政府关于坚决打赢扶贫攻坚战确保同步全面建成小康社会的决定》(黔党发〔2015〕21号)。

[5]《中共贵州省委　贵州省人民政府关于落实大扶贫战略行动坚决打赢脱贫攻坚战的意见》(黔党发〔2015〕27号)

[6]《中共贵州省委办公厅　贵州省人民政府办公厅关于印发〈贵州省扶贫对象精准识别和脱贫退出程序暂行管理办法〉的通知》(黔委厅〔2015〕35号)

[7]《中共贵州省委办公厅　贵州省人民政府办公厅关于印发〈贵州脱贫攻坚工作督查实施办法〉的通知》(黔委厅〔2015〕26号)

[8]《中共贵州省委办公厅　贵州省人民政府办公厅印发〈关于扶持生产和就业推进精准扶贫的实施意见〉等扶贫工作政策举措的通知》(黔党发〔2015〕40号)

[9]《中共中央　国务院关于打赢脱贫攻坚战的决定》(中发〔2015〕34号)

[10]《中共中央办公厅　国务院办公厅关于印发〈省级党委和政府扶贫开发工作成效考核办法〉的通知》(厅字〔2016〕6号)

[11]《中共中央办公厅　国务院办公厅印发〈关于建立贫困退出机制的意见〉的通知》(厅字〔2016〕16号)

[12] 习近平.中国共产党第十九次全国代表大会报告[R].2017-10-18.

[13] 贵州精准扶贫问题研究课题组.扶贫开发的贵州探索问题及对策[J].中国发展

观察，2016（11）．

[14] 贵州省地方志编纂委员会．贵州省减贫志［M］．北京：方志出版社，2016．

[15] 黄岚．贵州不让一人因病致贫［J］．中国农村卫生，2016（3）．

[16] 黄岚．赫章：构建因病致贫"防火墙"［J］．中国农村卫生，2017（15）．

[17] 骆玉兰．精准扶贫的"贵州路径"取得阶段成效［N］．农民日报，2017-02-15．

[18] 任廷会．一路通　百业兴——贵州全力冲刺农村公路建设三年会战"收官战"［J］．当代贵州，2017（23）．

[19] 汪三贵．论中国的精准扶贫［J］．贵州社会科学，2015（5）．

[20] 王永平．新时期贵州农村贫困问题与反贫困对策探讨［C］．贵州推进扶贫开发理论研讨会论文集，2011．

[21] 韦茂才．滇桂黔石漠化片区扶贫模式创新研究［M］．南宁：广西人民出版社，2014．

[22] 吴文仙．贵州探路深度贫困地区脱贫攻坚［J］．当代贵州，2017（29）．

[23] 肖维波，唐枫，杨黠，王远峰．打造贵州路政升级版［J］．中国公路，2017（9）．

[24] 徐海星．产业扶贫助增收［J］．当代贵州，2017（34）．

[25] 徐元芳，罗亮亮．产业扶贫的贵州实践［J］．当代贵州，2017（7）．

[26] 杨良敏，杜悦英．产业扶贫的贵州样本［J］．中国发展观察，2015（8）．

[27] 袁燕，韦佳妤．赫章县大病医保破解因病致贫返贫难题［J］．当代贵州，2015（23）．

[28] 张元斌．我省"四重医疗保障"惠及贫困群众170余万人次［N］．贵州日报，2017-02-16．

[29] 左禹华，杨昌建，陈刚．织牢"医疗网"　打造健康印江［J］．当代贵州，2016（33）．